Udo Hahn

Abendmahl

Grundbegriffe Christentum

Gütersloher Verlagshaus

Originalausgabe

Die Deutsche Bibliothek – CIP-Einheitsaufnahme

Hahn, Udo: Abendmahl / Udo Hahn. –
Orig.-Ausg. – Gütersloh: Gütersloher Verl.-Haus, 2001
(Gütersloher Taschenbücher; 684: Grundbegriffe Christentum)
ISBN 3-579-00684-3

ISBN 3-579-00684-3
© Gütersloher Verlagshaus, Gütersloh 2001

Umschlaggestaltung: INIT, Bielefeld
Satz: Weserdruckerei Rolf Oesselmann GmbH, Stolzenau
Druck und Bindung: Těšínská Tiskárna AG, Český Těšín
Gedruckt auf chlorfrei gebleichtem Werkdruckpapier
Printed in Czech Republic

Besuchen Sie uns im Internet: http://www.gtvh.de

Seit seinen Anfängen wird im Christentum das Abendmahl gefeiert. Es erinnert an Jesu letztes Mahl mit seinen Jüngern, bei dem Brot gegessen und Wein getrunken wurde. Zur Bezeichnung dieser Feier sind auch noch andere Begriffe gebräuchlich: Eucharistie, heilige Kommunion und Messopfer in der katholischen Kirche, in den orthodoxen Kirchen wird schlicht von »der Liturgie« gesprochen. In ökumenischen Dialoggesprächen zwischen den Kirchen hat sich der Begriff »Herrenmahl« durchgesetzt, um zum Ausdruck zu bringen, dass Jesus es eingesetzt hat. In der Kunst zählt die Darstellung Leonardo da Vincis vom Abendmahl Jesu mit seinen Jüngern zu den bekanntesten Werken überhaupt. Es zeigt Christus in der Mitte einer langen Tafel sitzend, vor ihm Teller mit Brot sowie Becher und Weinkrüge, links und rechts die gestikulierenden Jünger.

Das Abendmahl wird als Höhepunkt christlichen Lebens bezeichnet, als die zentrale Feier schlechthin, in der Hoffnung und Freude sowie die Gemeinschaft der Menschen mit Gott und der Menschen untereinander zum Ausdruck kommen. Für viele Christen ist das Abendmahl zu einem Bestandteil ihrer Frömmigkeit geworden, weil sie darin auch Vergebung der Sünden und den Zuspruch Gottes erfahren.

Gleichwohl – das Abendmahl wirft viele Fragen auf: Was geschieht in dieser Feier? Wie sind die liturgischen Aussagen – »mein Leib ... für euch gegeben ... mein Blut ... für euch vergossen« – gemeint? Warum werden Brot und Wein verwendet, manchmal auch Oblaten und Traubensaft? Warum wird in der römisch-katholischen Kirche nur das Brot an die Gläubigen ausgeteilt, in anderen Kirchen Brot und Wein? Warum wird in manchen Kirchen an jedem Sonntag das Abendmahl gefeiert, in anderen nur einmal im Monat oder noch seltener? Warum lädt die evangelische Kirche alle Getauften zur Teilnahme an dieser Feier ein, die römisch-katholische Kirche nur Katholiken? Können auch Kinder daran teilnehmen? Warum machen Christen beim Abendmahl oft so ein ernstes Gesicht, wo es sich doch um ein »Freudenmahl« handelt?

Wie Gottesdienstbesucher das Abendmahl erleben, hängt davon ab, welcher Kirche sie angehören. Eine ausgeprägte Abendmahlsfrömmigkeit hat sich in der römisch-katholischen Kirche entwickelt. Die regelmäßige Kommunion ist jedoch eine Frucht des 20. Jahrhunderts. Papst Pius X. hat in unterschiedlichen Dekreten zu häufigerer Kommunion aufgerufen. Zuvor hatte sich im Zusammenhang des 1264 eingeführten Fronleichnamsfestes die Verehrung der heiligen Hostie in einem Schau- und Zeigegerät (Monstranz) als ungleich wichtiger herausgebildet. In den Kirchen wurden Orte der Anbetung errichtet: ein Tabernakel (lateinisch; Zelt, Hütte) zur Aufbewahrung der Hostien, in dessen Nähe das so genannte ewige Licht brennt, um an die immerwährende Gegenwart Christi in der Eucharistie zu erinnern.

Die Reformation Martin Luthers verband von Anfang an in den Gottesdiensten Wort und Sakrament, Predigt und Abendmahl miteinander. Allerdings wurde diese Praxis nicht lange beibehalten. Stattdessen entwickelte sich der Brauch, einmal im Monat Gottesdienst mit Abendmahl zu feiern. Und im Laufe der Zeit wurden die Abstände noch größer, ein- bis zweimal pro Jahr schien zu genügen. Im Protestantismus bildete sich der Gottesdienst als Wort- bzw. Predigtgottesdienst heraus. Abendmahl wurde nicht selten »im Anschluß an den Gottesdienst« gefeiert, was sprachlich und sachlich früh als völlig untreffend hätte erkannt werden müssen.

Wenn das Abendmahl tatsächlich Quelle und Höhepunkt kirchlichen Lebens ist, wenn es der Erneuerung der Gemeinschaft mit Gott und der Menschen untereinander dient, so ist mit Recht zu fragen, warum sich in der Frömmigkeitspraxis eine regelmäßige Feier nicht durchzusetzen vermochte. Es sind sogar Fehlentwicklungen zu beklagen, die bis heute nicht behebbar scheinen. So wird in der evangelischen Kirche an Karfreitag, dem Todestag Jesu, Abendmahl gefeiert. In der katholischen Kirche ist dies hingegen der einzige Tag, an dem grundsätzlich keine Eucharistie angeboten wird. Nur angesichts dieser Praxis ist es zu verstehen, dass in den Medien immer wieder vom Karfreitag als »höchstem Feiertag« der Protestanten gesprochen wird – wohl, weil sie an diesem Tag auch besonders ernst aussehen. Dabei gilt in allen Kirchen das Osterfest, der Tag der Auferweckung Jesu, als der wichtigste Feiertag schlechthin.

Der Ernst, mit dem Christen das Abendmahl in Empfang nehmen, lässt nur wenig von der Freude erahnen, die es angesichts der damit verbundenen Botschaft auslösen müsste. Überhaupt sind es eine Reihe von Äußerlichkeiten, die den Gang zum Tisch des Herrn eher behindern als fördern. Noch immer werden »Gottesdienste mit Abendmahl« angeboten, die nicht selten so ablaufen, dass Gläubige, die nicht zum Tisch des Herrn gehen wollen, vorher mit einem Segen aus dem Gottesdienst entlassen werden. Eine Restgemeinde feiert nach kurzer Unterbrechung das Abendmahl. In dem seit 1999 in Gebrauch befindlichen »Evangelischen Gottesdienstbuch« der Vereinigten Evangelisch-Lutherischen Kirche Deutschlands (VELKD) und der Evangelischen Kirche der Union (EKU) sind innerhalb der gottesdienstlichen Liturgie Predigt und Abendmahl stärker miteinander verbunden worden. Der Gottesdienst mit Predigt und Abendmahl lässt sich in seiner Struktur bis in die Urchristenheit verfolgen, für die das Miteinander selbstverständlich war. Überdies liegt diese Struktur dem römisch-katholischen, dem anglikanischen, dem englischsprachigen Gottesdienst der Reformierten und der evangelischen Freikirchen zu Grunde und ist somit ein Zeichen übergreifender ökumenischer Gemeinschaft.

Zum äußeren Erscheinungsbild gehört auch, dass nicht wenige Christen das Abendmahl aus hygienischen Gründen verweigern. In der Tat wirkt der Brauch, dass Menschen aus einem Silber- oder Tonkelch trinken, auf sie abstoßend, weil ihnen diese Praxis in der eigenen Familie fremd ist. Die Angst vor Ansteckung mit Grippeviren oder – was medizinisch als ausgeschlossen gilt – mit Aids wirkt hemmend. Einzelkelche, die die Größe von Schnapsgläschen haben, lassen kaum das Gefühl von Gemeinschaft aufkommen und wirken oft so, als trinke man tatsächlich noch einen Schluck zur Verdauung. Vollends ins Staunen geraten Menschen, die einmal einen orthodoxen Gottesdienst erlebten. Dort ist es üblich, dass Oblaten und Wein zu einer breiigen Masse vermischt werden, die den Gläubigen mit einem Löffel in den Mund geschoben wird. Der in der Abendmahlsliturgie enthaltene Wunsch – »Schmecket und sehet, wie freundlich der Herr ist« (Psalm 34,9) – klingt nicht so, dass man ihm gerne Folge leistet.

Und was geschieht mit den Abendmahlsgaben nach der Feier? In der katholischen Kirche stellt die Hostie im Tabernakel einen Ort der Anbetung dar, der Wein wird vom Priester ausgetrunken. In der evangelischen Kirche war es noch vor einigen Jahren durchaus üblich, den nicht benötigten Wein in den Ausguss zu schütten. Wenn Jesus in Brot und Wein gegenwärtig ist, kann man dann so mit diesen Gaben umgehen?

Deshalb ist es schon erstaunlich, dass sich gerade in der evangelischen Kirche eine neue Abendmahlsfrömmigkeit entwickelte. Eine Ursache dafür ist eine Initiative, die auf dem Deutschen Evangelischen Kirchentag 1979 in Nürnberg ihren Ausgang nahm. Dort wurde erstmals das so genannte Feierabendmahl gefeiert. Der langjährige evangelische Professor für Praktische Theologie an der Universität Bonn, Henning Schröer, beschrieb in einer katechismusartigen Formulierung ganz im Stile Martin Luthers, was das Feierabendmahl ist: *Wir sollen Gott fürchten und lieben, dass wir die Tischgemeinschaft Jesu, dem Frieden zugute, mitten im Leben, mit Brot und Wein als Wahrzeichen seiner Gegenwart, gern feiern, seine Stimme aufmerksam hören und miteinander Hoffnung lernen und gewinnen.*

In den »Lorenzer Ratschlägen« wurde ein Reformprogramm präsentiert, das die Mehrdimensionalität des Abendmahls zum Ausdruck brachte und die Verengung auf einen Aspekt – zumeist Vergebung der Sünden – aufzubrechen vermochte.

Die »Lorenzer Ratschläge« im Wortlaut:

Anstiftung zur Hoffnung

Wir sind zur Hoffnung berufen. Unser Reden und Tun soll dieser Welt Mut machen. Und in der Art und Weise unseres Feierns kommt zum Ausdruck, was wir hoffen.
Wir haben auf diesem Nürnberger Kirchentag das Abendmahl neu erlebt als Mahl der Hoffnung. Wir haben auch darüber gespro-

chen, wie wenig einladend und ermutigend dieses Mahl oft unter uns gefeiert wird. Viele Christen leiden unter der Traurigkeit und Anonymität solcher Feiern und können ihre Angst dabei nicht überwinden. Sie fühlen sich nicht entlastet. Andere sehen keine Verbindung mit den persönlichen und gesellschaftlichen Lebensfragen. Viele unter uns leiden darunter, dass das Abendmahl ein Zeichen der Trennung geworden ist. Dennoch erleben wir eine Zuwendung von vielen Menschen zu diesem Mahl. Darum möchten wir, die wir für das Forum Abendmahl in der Lorenzkirche während des Kirchentages verantwortlich waren, Christen, Gemeinden und die Leitungen der Kirchen zu Schritten der Hoffnung anstiften.

Anders leben

Brot und Wein, die wir auf den Altar bringen, erinnern uns daran, dass Gott uns geschaffen hat samt allen Kreaturen. Jede Abendmahlsfeier ist darum ein Erntedankfest. Wir können hier nicht den Schöpfer preisen und gleichzeitig seine Schöpfung ausbeuten und zerstören. Unserem Dank in der Mahlfeier müssen darum Schritte eines anderen Lebens im persönlichen und gesellschaftlichen Alltag entsprechen. Wir müssen lernen, mit den Gaben dieser Erde sorgsamer umzugehen.

Erste Zeichen dafür können bei unseren Mahlfeiern sein:
Wir bringen Brot und Wein, Zeichen der Güte Gottes, in einer eigenen Handlung zum Tisch.
Wir verwenden richtiges Brot als elementares Zeichen für das, wovon wir leben.
Wir drücken unsere Hinwendung zur Schöpfung in unseren Dankgebeten und Liedern aus.
Wir suchen nach sinnfälligen Ausdrucksmitteln für unsere kreatürliche Freude.
Wir nehmen Zeiten des Fastens als Einübung in ein einfaches Leben wieder ernst.

Wir gestalten konkrete Fürbitten und bekennen auch die Sünden unseres Wohlstandes.

Solidarisch handeln

Brot und Wein, die wir am Tisch Jesu empfangen, machen uns hungrig und durstig nach Gottes kommender Gerechtigkeit. Wir können nicht Gäste des Gekreuzigten sein, ohne solidarisch zu leben. Darum feiert die Gemeinde das Mahl dann unwürdig, wenn sie nicht solidarisch lebt. Sie verleugnet die Hoffnung, die den Hungernden und Unterdrückten gilt.

Erste Zeichen dieser Solidarität in unseren Mahlfeiern sind für uns:
Wir geben, wie auf diesem Kirchentag, der Erinnerung an Hunger und Unterdrückung im Mahl Raum.
Wir drücken unsere Hoffnung auf Gottes Gerechtigkeit in konkreten Fürbitten aus.
Wir suchen nach Formen eines glaubhaften Dankopfers und bringen zum Mahl mit, was wir teilen möchten.
Wir laden zu den Mahlfeiern gerade die für uns Fremden und Andersartigen ein und nehmen in der Gestaltung der Feier darauf Rücksicht.
Wir gehen zu Kranken und Isolierten und feiern das Mahl mit ihnen.
Wir verwenden auch Traubensaft um der Alkoholkranken willen.

Universal handeln

Jesus lädt ein. An seinem Tisch haben Menschen Platz, die sonst Feinde sind. Hier ist der Ort der Versöhnung. Es macht die Welt hoffnungslos, wenn der gleiche Tisch zum Zeichen der Trennung wird. Wer an Jesu Tisch sitzt, kann nicht mehr partikuläre Interessen verfolgen. Er lernt universal denken. Christen aller Kirchen sind einander näher gekommen. Manche haben miteinander so viele Erfahrungen gemacht, dass sie überkommene Grenzen nicht mehr hinnehmen können.

Wir empfinden die Trennung besonders am Tisch Jesu.

Wir erinnern die Verantwortlichen der Kirchen daran, dass das Gemeinsame des Glaubens größer ist und viele Erfahrungen weitergehen, als die gegenwärtigen Regelungen es gestatten.

Wir bitten die Christen aus den verschiedenen Kirchen, sich gegenseitig nicht mehr auf vergangene Standpunkte festzulegen, sondern intensiv danach zu fragen, wie in den anderen Kirchen heute das Mahl Jesu verstanden wird.

Wir versuchen bei aller Ungeduld auch die Ängste zu verstehen und die jeweiligen geistlichen Bindungen zu erkennen.

Wir rufen dazu auf, einander in den Gottesdiensten zu besuchen.

Wir erwarten uns viel von der gegenseitigen und vor allem konkreten Fürbitte bei den Mahlfeiern.

Wir beten für die Verantwortlichen und die Glieder der anderen Kirchen.

Wir machen den evangelischen Gemeinden Mut, das Abendmahl häufiger zu feiern.

Wir bitten zugleich im Namen katholischer Mitchristen darum, mit dem, was an Brot und Wein übrig geblieben ist, sorgsam umzugehen.

Wir schlagen vor, immer wieder auch Stücke aus der Liturgie anderer Kirchen bei dem Mahl zu verwenden.

Kinder nicht ausschließen

Jesus hat die Kinder angenommen, die zu ihm gebracht wurden. Sie können am Tisch Jesu mit allen Feiernden zusammen ihn erkennen und in die Gemeinschaft mit ihm und untereinander hineinwachsen. Es gibt keinen gewichtigen Grund, sie vom Abendmahl noch länger auszuschließen.

Darum machen wir allen Gemeinden Mut, Mahlfeiern bei Familiengottesdiensten oder bei Freizeiten für Kinder zu öffnen.

Wir rufen besonders die Eltern auf, ihren Kindern das Mitfeiern zu ermöglichen.

Wir bitten die Leiter der Gottesdienste um eine bessere, familiengemäße Gestaltung.

Menschlich feiern

Das Mahl des Herrn ist der Gottesdienst »mit Herzen Mund und Händen«.
Der ganze Mensch soll erfahren, dass Gott gut ist. Viele Zeichen der Freude und der Gemeinschaft drücken dies aus.
Einige davon sind uns wichtig geworden:

Wir suchen nach spontanen Elementen des Lobens und Dankens,
Wir möchten mehr gemeinsam singen und musizieren.
Wir entdecken festlichen Schmuck und andere Zeichen des Festes.
Wir suchen Abendmahlsgebete, an denen sich viele beteiligen können.
Wir gestalten den Kirchenraum so, dass wir uns wohl fühlen können.
Wir feiern auch in den Häusern.
Wir lassen auch bei der kleinsten Abendmahlsfeier einen Stuhl für einen unverhofften Gast frei.
Wir schaffen die Möglichkeit, einander unsere Erfahrungen, Ängste und Hoffnungen mitzuteilen.
Wir bilden einen Kreis um den Altar.
Wir reichen uns Brot und Wein mit guten Worten weiter.
Wir geben beim Friedensgruß einander die Hände.

Wir empfinden selbst, wie sehr wir mit unseren Ratschlägen am Anfang stehen.
Das gilt besonders für die Zeichen unserer Umkehr in die Zukunft. Unsere Hoffnung ist, dass wir sie in dem Maße finden, wie wir das Herrenmahl wieder entdecken, die Mitte der versammelten Gemeinde und das Urbild des Miteinanderteilens.

Projektausschuß Feierabendmahl
Nürnberg 1979

Ein Dokument, das auch heute noch lesens- und bedenkenswert ist und nichts von seiner Aktualität eingebüßt hat. Die Einsetzungsworte des Abendmahls sind nicht zufällig als Erzählung und eben nicht als theologische Deutung überliefert. Sie nehmen Menschen hinein in ein Geschehen und laden ein zum Vollzug. Wer sich einladen lässt an den Tisch des Herrn, verharrt nicht an seinem Platz in der Kirchenbank und spürt auch, dass er nicht allein bleibt, sondern in eine neue Gemeinschaft eingebunden ist. Als Veränderte kehren sie an ihren Platz zurück – im Glauben gestärkt, zum Handeln ermutigt. Beschenkte sind sie (»für dich gegeben«) und Beauftragte (»dies tut zu meinem Gedächtnis«). Gabe und Aufgabe sind nicht voneinander zu trennen, aber die Reihenfolge ist zu beachten. Und es ist wahrzunehmen, dass es sich beim Abendmahl weniger um eine Denkerfahrung handelt, sondern vielmehr um eine »Daseins«-Erfahrung (Gerhard Ruhbach) und darin zugleich eine Ermutigung zum Glauben in dieser Welt enthalten ist.

Kein Zweifel: Heute ist in allen Kirchen eine bewusste, mitunter sogar ausgeprägte Abendmahlsfrömmigkeit anzutreffen. In den evangelischen Kirchen weist die Statistik eine wachsende Beteiligung am Abendmahl aus. Unklar ist, ob sich die Zahl der Abendmahlsempfänger erhöht hat, oder ob diejenigen, die immer schon an der Feier teilnahmen, dies jetzt nur regelmäßiger tun. Aber schon die regelmäßige und zunehmend selbstverständlicher gewordene Feier des Abendmahls ist ein Fortschritt. Und unter den Gläubigen aller Kirchen wächst zunehmend der Wunsch, über Kirchengrenzen hinweg gemeinsam Abendmahl zu feiern. Der theologische Disput erörtert diese Frage seit Jahrzehnten – nicht ohne Fortschritte in der Praxis, jedoch ohne den durchgreifenden Erfolg in unmittelbarer Nähe zu haben.

Das Abendmahl – eine Begriffsklärung

Der Begriff »Abendmahl« geht auf eine Übersetzung des griechischen Wortes »deipnon« (Mahlzeit, Gastmahl) zurück, die Martin Luther gewählt hat. Im Neuen Testament hat sie keine unmittelbare Entsprechung, es sei denn, man zieht Offenbarung 3,20 in der Übersetzung Luthers heran: »Siehe, ich stehe vor der Tür und klopfe an. Wenn jemand meine Stimme hören wird und die Tür auftun, zu dem werde ich hineingehen und das Abendmahl mit ihm halten und er mit mir.« In der römisch-katholischen Kirche wird von heiliger Kommunion (lat.; communio = Gemeinschaft), Eucharistie (griech.; Danksagung), Messopfer oder nur von Messe gesprochen. In den orthodoxen Kirchen ist schlicht die Rede von »der Liturgie« gebräuchlich. Ein anderer Begriff ist Synaxis (griech.; Vereinigung, Gemeindeversammlung). In den ökumenischen Dialogen hat sich neben Eucharistie vor allem der Begriff »Herrenmahl« (1. Korinther 11,20) durchgesetzt. »Kyriakon deipnon« (griech.; das dem Herrn gehörende Mahl, das Herrenmahl) Schließlich wird das Abendmahl auch als »Brotbrechen« (1. Korinther 10,16; Apostelgeschichte 2,46; 20,7.11) bezeichnet.

Die Ursprünge des Abendmahls

Mahlgemeinschaft im Volk Israel

Wer sich mit den in der Bibel berichteten Mahlzeiten im Volk Israel beschäftigt, stellt fest, dass diese den Charakter der Freude tragen, denn die Menschen erwarteten die Gemeinschaft mit Gott am Ende aller Zeit. Der Prophet Jesaja spricht vom Freudenmahl der Völker auf dem Berg Zion (25,6). Von der Hoffnung auf die Vollendung der Gemeinschaft mit Gott ist auch Matthäus 26,29 geprägt. Jesus spricht: »Ich werde von nun an nicht mehr von diesem Gewächs des Weinstocks trinken bis an den Tag, an dem ich von neuem davon trinken werde mit euch in meines Vaters Reich.«

Das gemeinsame Mahl hatte im Alten Orient eine gesellschaftliche wie eine religiöse Bedeutung. Es stellte Gemeinschaft her, denn die Tischgemeinschaft galt als engste Form gemeinschaftlichen Zusammenlebens. Schließlich unterstellten die Teilnehmer Gott ihr Essen und Trinken durch Gebete und Segensworte. Der westlichen Snack-Kultur, dem Essen der Familienmitglieder zu unterschiedlichen Zeiten, aber auch der Gestaltung vieler heutiger Küchen als Bars, wo man sein Gericht abholen und – isoliert – für sich einnehmen kann, ist diese gemeinschaftsstiftende Dimension abhanden gekommen – Gemeinschaft mit dem Nächsten und mit Gott zu haben. Dabei wissen wir auch, dass Essen mehr ist als bloße Nahrungsaufnahme. Und so mancher beneidet die Franzosen, die das gemeinsame Essen geradezu zu zelebrieren wissen.

In 1. Mose 31 wird die gemeinschaftsstiftende und versöhnende Kraft des Essens sichtbar. Jakob lud Laban zum Essen ein (31,54) – als Zeichen der Versöhnung nach Beendigung eines Streits. Und in 2. Könige 25,27-30 wird davon berichtet, wie Jojachin, König von Juda, nach fast vierzigjähriger Gefangenschaft in Babylon von dem babylonischen König in der Form begnadigt wurde, dass Jojachin an der Tafel des Königs speisen durfte – bis zu seinem Tod. Gewährung und Verweigerung von Tischgemeinschaft sagen viel aus über die Bedeutung gemeinsamen Speisens.

Das Passamahl

Die größte Bedeutung bis auf den heutigen Tag hat im Volk Israel das Passamahl (2. Mose 12). Das hebräische Wort »pesach« bedeutet »verschonen«. Wie ist diese Feier entstanden? Das Volk Israel hatte Gastrecht in Ägypten. Josef, der Sohn Jakobs (1. Mose 37-50), war nach Ägypten verkauft worden, erlangte aber schließlich am Hof des Pharaos eine herausragende Stellung. Er bewahrte die Ägypter vor einer großen Hungersnot, versöhnte sich mit seinen Brüdern und sorgte dafür, dass sie in Ägypten gastfreundliche Aufnahme fanden. Das Volk Israel wuchs. »Da kam ein neuer König auf in Ägypten, der wusste nichts von Josef und sprach zu seinem Volk: ›Siehe, das Volk Israel ist mehr und stärker als wir. Wohlan, wir wollen sie mit List niederhalten, dass sie nicht noch mehr werden‹« (2. Mose 1,8-10). Aus der anfänglichen Gastfreundschaft wurde schließlich Knechtschaft. Ehe Mose das Volk Israel aus Ägypten herausführte, ordnete er im Auftrag Gottes am Vorabend des Aufbruchs das so genannte Passamahl an. Es unterscheidet sich rein äußerlich von einer gewöhnlichen Mahlzeit durch die besonderen Speisen: Mazzen (ungesäuertes, rasch zu backendes Brot), Lamm und Bitterkräuter. Dazu wurde ein Becher mit Wein herumgereicht. Das Blut des Lammes sollte an die Türpfosten der Häuser der Israeliten gestrichen werden, um diese zu verschonen. Die zehnte Plage, der Tod der Erstgeburt, betraf nur die Ägypter.

Dieses Fest der Verschonung wurde zur Erinnerung an die Tat Gottes zunächst in den Familien gefeiert. König Josia verlagerte es 621 v. Chr. in den Tempel und machte ein Wallfahrtsfest daraus. Im Mittelpunkt des Festes stand das dankbare Gedenken an die Rettungstat Gottes. Dieser Rettung wird auch in der Präambel der Zehn Gebote gedacht (2. Mose 20,2): »Ich bin der Herr, dein Gott, der ich dich aus Ägyptenland, aus der Knechtschaft geführt habe.«

Heute wird im Judentum das Passafest wieder in der Familie gefeiert. Der jüngste am Tisch fragt: »Vater, warum feiern wir dieses Fest?« Als Antwort darauf wird die Geschichte des Volkes Israel rekapituliert und an den Auszug aus Ägypten erinnert. Das Passamahl dient der Erklärung und der erinnernden Wiederholung des für das Volk Israel grundlegenden Heilsgeschehens – seine Rettung aus Ägypten. Diese wird durch die Vergegenwärtigung so verstanden, dass es eine Rettung für jeden darstellt, der als Jude an einem solchen Mahl teilnimmt.

Bei genauerem Hinsehen laufen mehrere Überlieferungsströme im Abendmahl zusammen: Die Mahlgemeinschaften des irdischen Jesus, das letzte Mahl am Abend vor seinem Tod, die Erscheinungsmahle des Auferstandenen sowie das Passamahl des Volkes Israel.

Im Neuen Testament wird häufig berichtet, dass Jesus Menschen zu sich gerufen hat, mit ihnen gelebt, gewohnt, gegessen und getrunken hat. Dieses Verhalten fand nicht die ungeteilte Zustimmung seiner Anhänger und ließ seine Gegner sogar davon reden, dass Jesus ein »Fresser und Weinsäufer« (Matthäus 11,19) sei. In der Tat wandte er sich Menschen zu, die am Rande der Gesellschaft standen – »Zöllner und Sünder« (Matthäus 9,10) –, die nicht so lebten, wie es der Ordnung Gottes entsprach, aufgrund ihres Berufes oder Lebenswandels. Die Zöllner waren eine besonders unbeliebte Kategorie von Menschen, denn sie trieben für die römische Besatzungsmacht die Steuern ein. Sie galten als Kollaborateure und bereicherten sich meist auch selbst an den Einnahmen. Wenn Jesus also mit diesen Menschen Tischgemeinschaft hielt, etwa mit Zachäus (Lukas 19,1-10) und aus diesem Personenkreis sogar einen Jünger berief (Matthäus 8,9-13; Markus 2,13-17; Lukas 5,27-32), dann durchbrach Jesus bewusst die jüdische Ordnung, von der es hieß: »Nur rechtschaffene Männer seien deine Tischgenossen.« Frauen gehörten nicht dazu. Deshalb ist es etwas Ungeheuerliches, dass sich Jesus bei einem solchen Mahl von einer Frau die Füße salben ließ. Warum hat er dies getan? »Heute ist diesem Haus Heil widerfahren«, sagte er, als er das Haus des Zöllners Zachäus verließ: »Denn der Menschensohn ist gekommen, zu suchen und selig zu machen, was verloren ist« (Lukas 19,9f.).

Mehr noch als in seinen Predigten, geschah es in den Tischgemeinschaften Jesu, dass Menschen den Weg zu(rück) zu Gott fanden. Dabei hörten sie nicht nur die Botschaft, dass Gott sie liebt, sondern sie erfuhren durch Jesu Verhalten buchstäblich konkrete Zuwendung, dass Gott sich um sie kümmert und niemanden abgeschrieben hat. Indem sich Jesus mit denen an einen Tisch setzte, mit denen niemand sonst Gemeinschaft haben wollte, brachte er die Zuwendung Gottes zu den Schuldiggewordenen unübersehbar zum Ausdruck.

Im Gleichnis vom verlorenen Sohn (Lukas 15,11-32) ist das Festmahl, das der überglückliche Vater zur Rückkehr seines verloren geglaubten Sohnes gibt, der Ausdruck für Vergebung und Neuanfang. In den Berichten von den Speisungen der Menschen, die sich bei Predigten um Jesus versammelten (Matthäus 15,32-39; Markus 6,32-44; 8,1-9; Johannes 6,5-13) ist Jesus selbst der Gastgeber, der das Brot bricht und über den Gaben die Dankgebete spricht. Dabei weist die irdische Speisung über sich hinaus auf Jesus, ist mehr als nur eine Sättigungsmahlzeit, denn Jesus ist »das Brot des Lebens« (Johannes 6,35).

Die Erscheinungsmahle des Auferstandenen

Was die Jünger in der Gegenwart Jesu erfuhren, das spürten sie nach Ostern in der Gegenwart des Auferweckten. Die Mahlzeiten vor seinem Tod brachten sie mit ihren Erfahrungen, die sie mit dem Auferstandenen machten, zusammen. Nicht von ungefähr wird in der Erzählung von den Emmausjüngern (Lukas 24,13-35) festgehalten: *Und es geschah, als er mit ihnen zu Tisch saß, nahm er das Brot, dankte, brach's und gab's ihnen. Da wurden ihre Augen geöffnet, und sie erkannten ihn* (Lukas 24,30f.).

Jesu letztes Mahl mit seinen Jüngern

Im Neuen Testament sind vier zentrale Abendmahlstexte überliefert. Die früheste Niederschrift dürfte 1. Korinther 11,23-26 gewesen sein, die etwa zwanzig Jahre nach Jesu Tod niedergeschrieben wurde. Dazu kommen Matthäus 26,26-29; Markus 14,22-25 und Lukas 22,15-20.

- 1. Korinther 11,23-26

  Paulus schreibt: *Denn ich habe von dem Herrn empfangen, was ich euch weitergegeben habe: Der Herr Jesus, in der Nacht, da er verraten ward, nahm er das Brot, dankte und brach's und sprach: Das ist mein Leib, der für euch gegeben wird; das tut zu meinem Gedächtnis. Desgleichen nahm er auch den Kelch nach dem Mahl und sprach: Dieser Kelch ist der neue Bund (Anm.: Luther übersetzte ursprünglich: das neue Testament) in meinem Blut; das tut, sooft ihr daraus trinkt, zu meinem Gedächtnis. Denn sooft ihr von diesem Brot esst und aus dem Kelch trinkt, verkündigt ihr den Tod des Herrn, bis er kommt.*

- Matthäus 26,26-29

  Als sie aber aßen, nahm Jesus das Brot, dankte und brach's und gab's den Jüngern und sprach: Nehmet, esset; das ist mein Leib. Und er nahm den Kelch und dankte, gab ihnen den und sprach: Trinket alle daraus; das ist mein Blut des Bundes, das vergossen wird für viele zur Vergebung der Sünden. Ich sage euch: Ich werde von nun an nicht mehr von diesem Gewächs des Weinstocks trinken bis an den Tag, an dem ich von neuem trinken werde mit euch in meines Vaters Reich.

- Markus 14,22-25

  Und als sie aßen, nahm Jesus das Brot, dankte und brach's und gab's ihnen und sprach: Nehmet; das ist mein Leib. Und er nahm den Kelch, dankte und gab ihnen den; und sie tranken alle daraus. Und er sprach zu ihnen: Das ist mein Blut des Bundes, das für viele vergossen wird. Wahrlich, ich sage euch, dass ich nicht mehr trinken werde vom Gewächs des Weinstocks bis an den Tag, an dem ich aufs Neue davon trinke im Reich Gottes.

- Lukas 22,15-20

  Und er (Jesus) sprach zu ihnen: Mich hat herzlich verlangt, das Passalamm mit euch zu essen, ehe ich leide. Denn ich sage euch, dass ich es nicht mehr essen werde, bis es erfüllt wird im Reich Gottes. Und er nahm den Kelch, dankte und sprach: Nehmt ihn und teilt ihn unter euch; denn ich sage euch: Ich werde von nun an nicht trinken von diesem Gewächs des Weinstocks, bis das Reich Gottes kommt. Und er nahm das Brot, dankte und brach's und gab's ihnen und sprach: Das ist mein Leib, der für euch gegeben wird; das tut zu meinem Gedächtnis. Desgleichen auch den Kelch nach dem Mahl und sprach: Dieser Kelch ist der neue Bund in meinem Blut, das für euch vergossen wird!

Ein Vergleich der Texte weist eine Reihe von Übereinstimmungen, aber auch Unterschiede aus. Der Wortlaut der so genannten Einsetzungsworte, wie sie im Gottesdienst während des Abendmahls gesprochen werden, findet sich in keiner der neutestamentlichen Überlieferungen. Schon die Liturgien der Alten Kirche entwickelten eigenständige Fassungen. Martin Luther hat aus den vier Vorlagen der neutestamentlichen Texte einen geformt. Nach der Revision der Bibelübersetzung Luthers wurde »Testament« durch »Bund« ersetzt.

War Jesu letztes Mahl ein Passamahl?

In der wissenschaftlichen Theologie ist umstritten, ob Jesu letztes Mahl ein Passamahl war. Ein Indiz für diese Annahme ist die Sprache, denn es ist von Leib (Fleisch) und Blut die Rede. Weiter sind es die Passionsberichte der Evangelien, die diesen Schluss zulassen. Und es ist der Apostel Paulus, der im 1. Brief an die Korinther schreibt: »Auch wir haben ein Passalamm, das ist Christus, der geopfert ist« (5,7). Wie Gott die Israeliten aus der Knechtschaft befreit hat, so befreit er durch Christus Menschen zu einem neuen Leben. Schließlich kommen in der Passafeier wie im christlichen Abendmahl die Freude über die Befreiung von Angst (auch im übertragenen Sinne) sowie die Ermutigung, dass Gott gegenwärtig ist, zum Ausdruck.

Jesus selbst sah sich in der Rolle des Opferlammes. Wie das Blut der Lämmer Rettung für das Volk Israel bedeutete, so bringt sein Tod die letzte Erlösung. In Matthäus 8,17 zitiert Jesus Jesaja 53,4: »Damit erfüllt werde, was gesagt ist durch den Propheten Jesaja: ›Er hat unsre Schwachheit auf sich genommen, und unsre Krankheit hat er getragen.‹« Der vollständige Wortlaut des so genannten Gottesknechtslieds in Jesaja 53 (4-5) lautet:

Fürwahr, er trug unsre Krankheit und lud auf sich unsre Schmerzen. Wir aber hielten ihn für den, der geplagt und von Gott geschlagen und gemartert wäre. Aber er ist um unsrer Missetat willen verwundet und um unsrer Sünde willen zerschlagen. Die Strafe liegt auf ihm, auf dass wir Frieden hätten, und durch seine Wunden sind wir geheilt.

Wer sich hinter dem Gottesknecht verbirgt, von dem bei Jesaja die Rede ist, lässt sich nicht klar sagen. Handelt es sich um Jesaja selbst? Ist der Gottesknecht der erwartete Messias? Aus christlicher Perspektive ist mit Jesus der erwartete Messias erschienen. Deshalb finden sich im Neuen Testament zahlreiche Rückbezüge in Zitatform auf die Kapitel 40 bis 55 bei Jesaja, die die so genannten Gottesknechtslieder enthalten.

Es wird allerdings auch die Auffassung vertreten, dass das Passamahl nicht den Bezugsrahmen für Jesu letztes Mahl darstellt. Abweichend von den synoptischen Evangelien geht Johannes davon aus, dass Jesu am Vorabend des Passa mit seinen Jüngern zusammensaß (18,28; 19,31). Auffallend ist, dass die Deuteworte Jesu sich nicht auf die Bestandteile des Passamahles – Mazzen, Lamm und Bitterkräuter – bezogen, sondern auf Brot und Wein, die bei jeder normalen Mahlzeit gereicht wurden. Überdies enthalten die Ausführungen im 1. Korintherbrief sowie bei Matthäus und Markus keinen Hinweis auf das Passamahl. Jedes andere Mahl könnte den Rahmen bilden. Nur bei Lukas wird ausdrücklich auf das Passa Bezug genommen.

Gottesdienst und Abendmahl in der Urgemeinde

Es besteht kein Zweifel, dass die Jerusalemer Urgemeinde zunächst am Tempelgottesdienst teilgenommen hat (Apostelgeschichte 3,1; 5,12). Als buchstäblich christlicher Gottesdienst entwickelte sich die Mahlfeier parallel dazu: »Sie blieben aber beständig in der Lehre der Apostel und in der Gemeinschaft und im Brotbrechen und im Gebet« (Apostelgeschichte 2,42; s.a. 2,46; 20,7.11; 1. Korinther 10,16). Der Gottesdienst als Gemeinde Jesu Christi bestand demnach aus Predigt, Abendmahl und Gebet.

Wie ist das Abendmahl zu verstehen?

Die Feier des Abendmahls hat vor dem Hintergrund der biblischen Texte eine Reihe von Facetten. Zum einen das Gedächtnis Jesu (»dies tut zu meinem Gedächtnis«), zum anderen die Stellvertretung als freiwillige Übernahme menschlicher Sünde und Schuld (in der Abendmahlsliturgie wird gesungen: »Christe, du Lamm Gottes, der du trägst die Sünd der Welt.«). Darüber hinaus: die Vergegenwärtigung des neuen Bundes und die Vorwegnahme des Gottesreiches, wo allen das Brot gebrochen und wirklich geteilt wird.

Danksagung und Gedächtnis

Das Abendmahl wird als Eucharistie, als Danksagung verstanden. Wie Jesus Brot und Wein nahm und dankte, so tritt die Gemeinde mit Brot und Wein vor Gott, um ihm Dank zu sagen für Jesu Tod und Auferweckung. Vor diesem Hintergrund ist die Mahlfeier ein Fest der Freude. Durch die Feier vollzieht die Gemeinde die Aufforderung Jesu: »Solches tut zu meinem Gedächtnis.« Dabei ist es von entscheidender Bedeutung, dies nicht nur als eine in die Vergangenheit gerichtete Erinnerung zu sehen, sondern den Auferstandenen als gegenwärtig anwesend zu glauben und als Ereignis für die Gegenwart zu erkennen. »Jesus Christus gestern und heute und derselbe auch in Ewigkeit« (Hebräer 13,8) – diese Aussage spannt den Bogen von der Vergangenheit über die Gegenwart in die Zukunft, wie etwa auch Offenbarung 22,13: Jesus spricht: »Ich bin das A und das O, der Erste und der Letzte, der Anfang und das Ende.«

Hingabe und Vergebung

»Mein Leib für euch gegeben – mein Blut für euch vergossen« – Jesu Hingabe enthält zwei Aspekte. Der eine: Jesus gibt Gott sein Leben hin, er bleibt Gott treu und sieht in seiner Hingabe die Vollendung seiner Liebe zum Vater. Der andere: Jesu Sterben ist als Stellvertretung zu sehen. Er stirbt für unsere Sünden und unsere Schuld und begründet den neuen Bund zwischen Gott und den Menschen: »Dieser Kelch ist der neue Bund in meinem Blut.« Auf diese Weise wird den Menschen ein Neuanfang in der Beziehung zu Gott ermöglicht, der auch Konsequenzen für den Glaubenden im Alltag hat.

Martin Luther schreibt im »Kleinen Katechismus«:

Was nützt denn solch Essen und Trinken? Das zeigen uns diese Worte: Für euch gegeben und vergossen zur Vergebung der Sünden; nämlich, dass uns im Sakrament Vergebung der Sünden, Leben und Seligkeit durch solche Worte gegeben wird; denn wo Vergebung der Sünden ist, da ist auch Leben und Seligkeit.

Gemeinschaft und Versöhnung

Paulus versteht das Abendmahl als Gemeinschaftsmahl:

Das Brot, das wir brechen, ist das nicht die Gemeinschaft des Leibes Christi? Denn ein Brot ist's, so sind wir viele ein Leib, weil wir alle eines Brotes teilhaftig sind (1. Korinther 10,16f.).

Die Teilhabe an dem einen Brot und damit an Christus überwindet alle Unterschiede – hinsichtlich der Rasse, sozialer Herkunft und Bildung. Zugleich ist das Abendmahl Aufforderung, noch bestehende Schranken unter den Menschen abzubauen und sich für Versöhnung einzusetzen.

Alles in allem ist darin ein Vorgeschmack auf die zukünftige, ewige Gemeinschaft mit Gott zum Ausdruck gebracht. Wer gehört zu dieser Gemeinschaft? Die Perspektive ist auch hier eine umfassende. In Markus 14,24 ist davon die Rede, dass das Blut »für viele« vergossen wird. Die hebräische Sprache kennt keinen Begriff für »alle«. Aber zweifellos sind alle damit gemeint, die gesamte Völkerwelt, nicht nur einige Auserwählte, sondern die »vielen«, die zur endzeitlichen Heilsgemeinde zusammengeführt werden.

Wie die Kirchen das Abendmahl verstehen

Dass sich in den Kirchen ein unterschiedliches Verständnis des Abendmahls herausgebildet hat, dass sie heute das Abendmahl nicht gemeinsam feiern (können), dies ist eine Entwicklung, die sich über Jahrhunderte hinweg erstreckte. Der Streit entstand im Wesentlichen über die Frage, wie es denn zu verstehen sei, dass Jesus mit seinen Stiftungsworten Leib und Blut mit Brot und Wein gleichsetzt. In der Alten Kirche hatte man damit keine Probleme. Denn das antike Denken kannte noch keinen Gegensatz zwischen Symbol und Wirklichkeit. Erst ab dem neunten Jahrhundert entwickelten sich unterschiedliche Deutungen. Eine Ursache für die unterschiedlichen theologischen Positionen ist auch darin zu sehen, dass im Aramäischen, der Sprache Jesu, keine Hilfszeitworte gebräuchlich sind. Nur so konnte der innerreformatorische Streit zwischen Martin Luther und Ulrich Zwingli entstehen. Die Frage war, wie man in der aramäischen Übersetzung die Formulierung »das mein Leib« interpretieren sollte. Entweder: Das *ist* mein Leib.

Oder: Das *bedeutet* mein Leib.

In der Alten Kirche wurde keine spezifische Lehre vom Abendmahl entwickelt. Es wurde als Agape (Sättigungsmahl) gefeiert. Paulus löst die Verbindung zwischen dem gemeinsamen Essen und dem Abendmahl auf. Anlass dazu war der Streit in der Gemeinde von Korinth (1. Korinther 11,17-34), in der es zu Spannungen gekommen war, weil einige Essen im Überfluss hatten, während andere darben mussten und der Gedanke des Abendmahls verfehlt wurde. Auffallend ist auch, dass das Abendmahl weder im Glaubensbekenntnis von Nizäa-Konstantinopel aus dem Jahre 325, dem so genannten Nizänum noch im Apostolischen Glaubensbekenntnis Thema ist.

Übereinstimmend halten die Kirchen bis heute fest: Das Abendmahl ist der Höhepunkt kirchlichen Lebens. Aus dieser Quelle erneuert sich die Kirche und gibt ihrer Einheit Ausdruck. Erneuert wird durch den Vollzug der Mahlfeier das Verhältnis der Glaubenden zu Gott sowie der Menschen untereinander. Was die Grundlage und die hohe Bedeutung angeht, die man dem Abendmahl beimisst, sind sich die Kirchen weithin einig. Unterschiedliche Entwicklungen im Verständnis führten jedoch zu Trennungen, die schier unüberwindbar scheinen. In der Lehre vom Abendmahl sind die Kirchen getrennt, in der Liturgie sowie in der Praxis ihrer Feier gibt es hingegen unübersehbare Annäherungen und Angleichungen.

Das orthodoxe Verständnis

Das orthodoxe Abendmahlsverständnis liegt auf der Linie des Denkens in der Alten Kirche, d.h., es wird nicht zwischen Symbol und Wirklichkeit unterschieden; Symbole verkörpern die Wirklichkeit, die sie bezeugen. Brot und Wein werden als Leib und Blut Jesu verstanden. Das Abendmahl bleibt letztlich ein Geheimnis (»Mysterium«), das sich in seiner Tiefe nicht vollends begreifen lässt. Die Orthodoxie vertritt die Auffassung, dass sie in der

Tradition der Alten Kirche stehend allein und ausschließlich das Abendmahl gültig spendet. Das Abendmahl wird unter beiderlei Gestalt – Brot und Wein – gespendet. Die Lehre vom Heiligen Geist ist der Schlüssel zum Verstehen des orthodoxen Abendmahls. Der Heilige Geist nimmt Brot und Wein in seinen Dienst. Er wird in der Feier gebeten, Brot und Wein zu heiligen, dass sie Leib und Blut Jesu werden. Christus ist wirklich in den Gaben präsent.

Das römisch-katholische Verständnis

Der Opfercharakter des Abendmahls

Die römisch-katholische Kirche sieht im Tod Jesu am Kreuz den Opfertod. In der Praxis hatte sich der Akzent verschoben: vom Handeln Gottes am Menschen zum Handeln des Menschen vor Gott. Das Abendmahl wurde als Opfer verstanden, das der Priester Gott darbrachte. Die Rede von der »Wiederholung des Kreuzopfers« hat den Eindruck entstehen lassen, als ob das einmalige Opfer Jesu am Kreuz regelmäßig im Gottesdienst wiederholt werden müsse. Dagegen hatten sich die Reformatoren gewandt, indem sie klarstellten, dass das eine Opfer Jesu ein für allemal vollbracht wurde und nicht durch Menschen wiederholt bzw. in irgendeiner Art ergänzt werden konnte. Auf dem Konzil von Trient (1543-1563) hob die katholische Kirche hervor, dass das Opfer im Abendmahl eine Vergegenwärtigung des Opfers Jesu am Kreuz sei. Der Gegensatz blieb jedoch zunächst.

Dennoch gibt es heute Annäherungen zwischen der katholischen und der evangelischen Position. Sie kommt u.a. in der Studie »Das Herrenmahl« zum Ausdruck, die von der Gemeinsamen römisch-katholischen und evangelisch-lutherischen Kommission 1983 erarbeitet wurde. Darin heißt es, »dass Jesus Christus im Herrenmahl ›als der Gekreuzigte gegenwärtig ist, der für unsere Sünden gestorben und für unsere Rechtfertigung wieder auferstanden ist,

als das Opfer, das ein für allemal für die Sünden der Welt darge-
bracht wurde‹. Dieses Opfer kann weder fortgesetzt noch wiederholt, noch ersetzt, noch ergänzt werden; wohl aber kann und soll
es je neu in der Mitte der Gemeinde wirksam werden.«

Exkurs: Braucht Gott Opfer?

Warum muss ein unschuldiger Mensch dafür sterben, dass Gott
uns unsere Sünden vergibt? Diese Frage hat Menschen seit jeher
beschäftigt. Peter Bukowski hat es einmal so formuliert:

*Gott braucht keine Opfer. Aber wir brauchen es, dass Gott
uns und unsere Welt, die noch und noch Opfer produziert, nicht
aufgibt. Wir brauchen es, dass Gott mit seiner vergebenden und
heilenden Kraft seiner Schöpfung und seinen Geschöpfen gnädig
zugewandt bleibt ... Und wenn uns im ›für euch‹ des Abendmahls
nun versprochen wird, dass Gott uns die Hingabe dieses leiden-
den Gerechten zurechnet, dann besagt das nicht: Ein böser, des-
potischer Gott wurde durch dieses Opfer gnädig gestimmt, sondern im Gegenteil: Der gnädige Gott lässt es mit dem Tod dieses
Einen für alle gut sein.*

Jesu Sühnopfer für die Sünden der Menschen ist ein Akt der
Stellvertretung – einer macht etwas, was anderen zugute kommt.
Ein Mechanismus, wie er sich tagtäglich im Leben vielfältig vollzieht. Die Stellvertretung Jesu war nicht nur ein Akt, der in der
damaligen Situation dem mitangeklagten Barrabas zugute kam,
der – so war es Volkes Wille – begnadigt und Jesus dafür ans Kreuz
geschlagen wurde. Es ist eine Stellvertretung über Zeiten hinweg.
Ein anderes Beispiel, dass die Wirkung eines Aktes der Stellvertretung anschaulich macht: Als Willy Brandt vor dem Mahnmahl des
Warschauer Gettos kniete, war dies unmissverständlich als ein Akt
der Buße anzusehen, der Folgen hatte – und zwar positive für den
Prozess der Versöhnung zwischen Polen und Deutschen.

In der Person Jesu stirbt mehr als nur ein Mensch. Das »für
euch« der Abendmahlsliturgie ist eine Einladung, dies persönlich –
für mich – zu verstehen und die neutrale Beobachterposition auf-
zugeben. Er ist »ein für allemal erschienen, durch sein eigenes Opfer

die Sünde aufzuheben«, heißt es im Hebräerbrief (9,26). Der Mensch kann von sich aus nichts tun, um die Entfremdung zwischen ihm und Gott aufzuheben. Er kann sich mit nichts ins rechte Licht rücken, nicht auf eigene Verdienste verweisen, die Gott beeindrucken könnten. »Gott wohnt in einem Lichte, dem keiner nahen kann. Von seinem Angesichte trennt uns der Sünde Bann«, dichtete Jochen Klepper (»Evangelisches Gesangbuch« 379). Unter Sünde – Sund = Graben, Trennung – sind mehr als nur Pannen oder Unzulänglichkeiten zu verstehen, wie sie im Alltagsleben auftreten. Sünde ist vielmehr der Schatten des Bösen, des Teufels (griech.; diabolos = Durcheinanderbringer, Durcheinanderwerfer), ein dunkler Schatten, der über unserem Leben liegt. Es ist christliche Überzeugung, dass mit dem Tod Jesu am Kreuz Gott mit den Menschen versöhnt wurde. Ein für allemal. Jesus ist der Fürsprecher bei Gott. Sein stellvertretendes Sterben gilt uns zugute.

Die Gegenwart Christi beim Abendmahl

Das katholische Abendmahlsverständnis spricht von einer Wandlung von Brot und Wein in Leib und Blut Jesu. Der Fachbegriff hierfür lautet Transsubstantiation (lat.; Wesensverwandlung). Demnach bleiben die Elemente äußerlich was sie sind, innerlich verändern sie sich aber in die Substanz Christi. Dies bedeutet nichts anderes, als dass Jesus real in Brot und Wein anwesend ist und dies auch bleibt. Deshalb werden die konsekrierten (geweihten) Hostien, die bei der Abendmahlsfeier übrig geblieben sind, im Tabernakel (lat.; »Zelt« oder »Hütte«) aufbewahrt. Für katholische Christen ist das Tabernakel ein Ort der Anbetung.

Abendmahl »unter einer Gestalt«

Das IV. Laterankonzil 1215 hatte festgelegt, dass jeder Christ mindestens einmal pro Jahr zum Abendmahl gehen muss, wenngleich jeder Gottesdienst mit Eucharistie gefeiert wurde. Nach katholischer Überzeugung kann der Priester das Abendmahl auch allein feiern – ohne Gemeinde. Da die Liturgie in lateinischer Sprache gehalten wurde, die das einfache Volk nicht beherrschte, entstand eine Kluft zwischen dem Priester und der zum Gottesdienst versammelten Gemeinde. Ausdruck für das Unverständnis über den Vollzug des Abendmahls ist die Verballhornung »Hokuspokus«, dem das »hoc est corpus meum« (»dies ist mein Leib«) zugrunde liegt. Mehr und mehr entwickelte sich die Gemeinde zu Zuschauern und blieb dem Abendmahl fern. Hinzu kam, dass das Konzil von Konstanz (1414-1418) die Praxis beendete, dass die Gläubigen das Abendmahl »unter beiderlei Gestalt« (»sub utraque specie«) erhielten. Künftig war der Empfang nur noch »unter einer Gestalt« (»sub una specie«) möglich. Dass die katholische Kirche ihren Gläubigen nur noch das Brot/die Hostie reichte, hing mit dem Verständnis zusammen, dass die Gegenwart Jesu nur mit dem Brot identifiziert wurde, auch wenn der Priester selbstverständlich Brot und Wein zu sich nehmen durfte. Das Brot galt als Leib Christi, in dem schließlich das Blut enthalten sei. Zum anderen war die Befürchtung groß, durch Verschütten des Weins das Blut Christi zu vergeuden. Das Zweite Vatikanische Konzil (1962-1965) hat zwar den Empfang unter beiderlei Gestalt grundsätzlich wieder möglich gemacht, ohne dass sich dies in der Praxis jedoch durchgesetzt hätte.

Das lutherische Verständnis

Das lutherische Abendmahlsverständnis hat sich in der Auseinandersetzung mit der Praxis in der katholischen Kirche herausgebildet. Zum einen trat Luther dafür ein, dass den Gläubigen Brot *und* Wein gereicht werden, ihnen der Kelch nicht vorenthalten wird. Befürchtungen, man könnte etwas vom Blut Christi verschütten, ließ er als Begründung der bestehenden Abendmahlspraxis nicht gelten. Zum anderen plädierte der Reformator dafür, die Einsetzungsworte in deutsch zu sprechen, damit die Gläubigen verstünden, worum es ging. So sind nach Luthers Auffassung auch die Einsetzungsworte Verkündigung. Weiter lehnte er das katholische Opferverständnis ab, denn es setzt ein Mithandeln der Kirche in Gestalt des Priesters voraus. Der Mensch kann nicht Jesus opfern, sondern empfängt durch das einmalige Opfer Jesu Vergebung der Sünden. Luther sieht im Abendmahl den seelsorgerlichen Charakter. Vergebung der Sünden kann gesehen und geschmeckt werden. Die Gemeinschaft mit Gott ist wieder hergestellt.

Luther betont mit den Einsetzungsworten »Das ist mein Leib/ Das ist mein Blut« die Realpräsenz Christi in den Abendmahlsgaben. Im Augsburgischen Bekenntnis von 1530 heißt es in Artikel X: »Vom Abendmahl des Herrn wird gelehrt, dass der wahre Leib und das wahre Blut Christi wirklich unter der Gestalt des Brotes und des Weines im Abendmahl gegenwärtig ist und dort ausgeteilt und empfangen wird.« Das Wie interessiert den Reformator nicht näher. Deshalb hält er der römisch-katholischen Auffassung der Transsubstantiation die so genannte Konsubstantiation entgegen: Die Gegenwart Christi ist »in, mit und unter« Brot und Wein gegeben, Christus schenkt sich den Gläubigen leibhaftig. Das Dass der Gegenwart Christi ist demnach unumstritten, umstritten ist das Wie. Die Erfahrung der Gegenwart Gottes wird – anders als nach katholischem Verständnis – nicht auf die Gaben allein, sondern auf die Feier insgesamt bezogen. Die Position Luthers: Christus ist gegenwärtig in Wort und Sakrament (Taufe und Abendmahl). Aus seiner Sicht bedarf es keiner Wandlung der Elemente, denn Christus kommt, weil er es zugesagt hat: »Ich bin bei euch alle Tage bis an der Welt Ende« (Matthäus 28,20). So wie Christus dem Betenden seine Gegenwart zusagt, so geschieht dies auch im Abendmahl. Deshalb soll zwar mit den übrig gebliebenen Abendmahlsgaben sorgsam umgegangen werden, aber eine Verehrung kommt ihnen nach Luthers Meinung nicht zu.

Wie können Brot und Wein Leib und Blut Jesu werden? Es gibt Erfahrungen im Leben, dass bestimmte Dinge in einem unterschiedlichen Sinnzusammenhang stehen und dass dieser ihr Wesen ausmacht. Ein Beispiel: Wenn eine Notenbank ein Stück Papier bedruckt, bleibt es zwar Papier, aber es erhält als Banknote einen bestimmten Wert und wird somit etwas Neues. Man kann in diesem Zusammenhang von einem Bestimmungswandel (Transfinalisation) und von einem Bedeutungswandel (Transsignifikation) sprechen. Es scheint nicht unangemessen, im Blick auf das Abendmahl Sache und Zeichen als eine Einheit zu sehen.

Das reformierte Verständnis

Die Frage, wie Christus in den Abendmahlsgaben präsent ist, hat Luther nicht nur in Gegensatz zu seiner römisch-katholischen Kirche gebracht, sondern es ist darüber auch ein innerevangelischer Streit entstanden. Mit dem Züricher Reformator Ulrich Zwingli (1484-1531) war Luther in der Kritik an der vorherrschenden Abendmahlspraxis einig. Zwingli jedoch verstand Brot und Wein lediglich als Zeichen und Symbole, die über sich hinausweisen. Dem »Das ist mein Leib« hielt er entgegen, dass es nur im Sinne von »bedeutet« verstanden werden kann. Die spätere reformierte Abendmahlslehre ist in noch stärkerem Maße Johannes Calvin (1509-1564), dem Schweizer Reformator, gefolgt. Er sieht in Brot und Wein eine himmlische Gabe, die aber nur der Glaubende durch den Heiligen Geist empfangen kann. Für den Ungläubigen bleiben Brot und Wein, was sie sind. Der irdische Leib Jesu ist seit seiner Himmelfahrt sozusagen vom Himmel umschlossen und kann im Abendmahl nicht gegenwärtig werden. Die Gegenwart Christi kann demnach nur durch den Heiligen Geist vermittelt werden. Calvin lehnt sowohl die Transsubstantiation als auch die Konsubstantiation ab. Sein Denkmodell geht von einem Parallelismus – geistliche Speise/leibliche Speise – aus. Die Gegenwart Christi im Abendmahl wird als Spiritualpräsenz gedacht.

Das Abendmahl im evangelischen Gottesdienst

Das Abendmahl ist nach dem »Evangelischen Gottesdienstbuch«, der gemeinsamen agendarischen Ordnung der Gottesdienste, in den Gliedkirchen der Vereinigten Evangelisch-Lutherischen Kirche Deutschlands (VELKD) und der Evangelischen Kirche der Union (EKU) eingebettet in den Ablauf: Eröffnung und Anrufung/Verkündigung und Bekenntnis/Abendmahl/Sendung und Segen.

Der liturgische Ablauf

Präfation

»Praefatio« (lateinisch) meint eine Rede »vor etwas«. Der Begriff Vorwort charakterisiert nicht exakt genug, was Praefatio zu Beginn des Abendmahls meint. Das »vor« ist nicht zeitlich, sondern räumlich zu verstehen. Es geht um das Gebet vor Gott in der Höhe (Lukas 2,14). Die Präfation wird daher auch Hochgebet genannt. Sie zählt zu den ältesten liturgischen Stücken der Abendmahlsfeier und besteht aus drei Teilen: aus der Salutation (Gruß), dem »Sursum corda« (»Die Herzen in die Höhe«) sowie dem »Gratias« (»Lasset uns Danksagen dem Herrn«) mit dem so genannten großen Dankgebet.

Bei der anschließenden Salutatio (Gruß) – »Der Herr sei mit euch« – geht es um das Hineingenommensein in das Wundergeschehen im Abendmahl. Christus will mit uns eins werden. Wenn die Gemeinde antwortet »und mit deinem Geist«, dann wünscht sie auch dem Liturgen/der Liturgin, dass auch er/sie beim Empfang des Mahles mit Christus eins werden möge.

Auf den Gruß folgt die Aufforderung »Die Herzen in die Höhe« (Klagelieder 3,41). Auch Jesus hat nach oben blickend gebetet (Johannes 11,41; 17,1). Wenn in der Bibel vom Herzen die Rede ist, dann ist damit nicht nur das Organ gemeint, sondern es geht um das Zentrum des Menschen schlechthin. Nach biblischem Verständnis ist es das Herz, mit dem der Mensch seine Entscheidungen trifft, nicht mit seinem Verstand. Das Herz auf Gott auszurichten ist die rechte Antwort auf diese Aufforderung, denn woran der Mensch sein Herz hängt, das ist sein Gott. »Wir erheben sie zum Herren«, lautet die Antwort ganz im Sinne von Psalm 130,7: Denn »bei dem Herrn ist die Gnade und viel Erlösung bei ihm«.

»Lasset uns Dank sagen« formuliert den Grundtenor der Präfation – Dank sagen (griech.; eucharistein), für das, was Gott getan hat und tut. Die Antwort darauf kann wiederum nur lauten: »Das ist würdig und recht.« Der Wortlaut in hymnischer Form als Lobpreis der großen Taten Gottes:

Wahrhaft würdig ist es und recht,
dass wir dich, ewiger Gott, immer und überall loben und dir
danken,
durch unseren Herrn Jesus Christus.
Ihn hast du in die Welt gesandt,
durch seinen Tod haben wir die Vergebung der Sünde
und durch sein Auferstehen das Leben.
Darum loben die Engel deine Herrlichkeit,
beten dich an die Mächte und fürchten alle Gewalten.
Dich preisen die Kräfte des Himmels mit einhelligem Jubel;
mit ihnen vereinen auch wir unsere Stimmen
und bekennen ohne Ende:

Darauf antwortet die Gemeinde mit dem Dreimalheilig (Sanctus).

Mit dem lateinischen Wort »sanctus« (heilig) beginnt der Hymnus in seiner lateinischen Fassung: »Heilig, heilig, heilig ist der Herre Zebaoth. Alle Lande sind seiner Ehre voll. Hosianna in der Höhe.«

»Heilig, heilig, heilig ist Gott, der Herr« – dies riefen die Engel einander zu, als der Prophet Jesaja in den Dienst Gottes berufen wurde. Er sah »den Herrn sitzen auf einem hohen und erhabenen Thron, und sein Saum füllte den Tempel« (Jesaja 6,1-4). Während das Kyrie im römischen Weltreich die Anerkennung des römischen Kaisers und die Unterwerfung unter seine Herrschaft bedeutete, so ist das »Hos(i)anna« im Judentum der Huldigungsruf beim Einzug des Königs gewesen.

Einsetzungsworte

Der Wortlaut im evangelischen Gottesdienst:

Unser Herr Jesus Christus in der Nacht, da er verraten ward, nahm er das Brot, dankte und brach's und gab's seinen Jüngern und sprach: Nehmet hin und esset. Das ist (Kreuzeszeichen über dem Brot) mein Leib, der für euch gegeben wird. Solches tut zu meinem Gedächtnis. Desgleichen nahm er auch den Kelch nach dem Abendmahl, dankte und gab ihnen den und sprach: Nehmet hin und trinket alle daraus; dieser Kelch ist das neue Testament in meinem Blut, das für euch vergossen wird zur Vergebung der Sünden. Solches tut, sooft ihr's trinket, zu meinem Gedächtnis.

Der Wortlaut in der römisch-katholischen Kirche:

Denn in der Nacht da er verraten wurde, nahm er das Brot und sagte Dank, brach es, reichte es seinen Jüngern und sprach: Nehmet und esset alle davon: Das ist mein Leib, der für euch hingegeben wird. Ebenso nahm er nach dem Mahl den Kelch, dankte wiederum, reichte ihn seinen Jüngern und sprach: Nehmet und trinket daraus: Das ist der Kelch des neuen und ewigen Bundes, mein Blut, das für euch und für alle vergossen wird zur Vergebung der Sünden, tut dies zu meinem Gedächtnis.

Der Wortlaut in der orthodoxen Kirche:

Nehmt und esst, das ist mein Leib, der für euch gebrochen wird zur Vergebung der Sünden. Trinket alle daraus, das ist mein Blut, das Blut des Neuen Bundes, das für viele vergossen wird zur Vergebung der Sünden.

»(Groß ist das) Geheimnis des Glaubens.« – Oder: »Sooft ihr von diesem Brot esset und aus diesem Kelch trinkt, verkündigt ihr den Tod des Herrn, bis er kommt« (1. Korinther 11,26). Die Gemeinde antwortet darauf: »Deinen Tod, o Herr, verkünden wir, und deine Auferstehung preisen wir, bis du kommst in Herrlichkeit.«

Geheimnis des Glaubens – was im Abendmahl geschieht, lässt sich nicht bis ins Letzte erklären. Es bleibt geheimnisvoll, entzieht sich unserem Zugriff, unserer Verfügbarkeit. Worum es vor diesem Hintergrund im Abendmahl geht: Verkündigung des Todes Jesu, Bekennen seiner Auferstehung und Hoffnung darauf, dass er wiederkommt am Ende aller Zeit.

Vaterunser

Das »Vater unser« ist da zentrale Gebet aller Christen in allen Kirchen (Matthäus 6,9-13; Lukas 11,1-4). Jesus hat es seine Jünger gelehrt.

Friedensgruß

Der Liturg/die Liturgin spricht: »Der Friede des Herrn (Zeichen des Kreuzes) sei mit euch allen« (Römer 15,33; 1. Petrus 5,14). Bevor die Gläubigen an den Tisch des Herrn gerufen werden, ergeht die Aufforderung an sie, sich untereinander die Hände zu reichen und sich gegenseitig Frieden zu wünschen, weil Gott uns – bildlich gesprochen – im Abendmahl die Hand reicht.

Lamm Gottes (Agnus Dei)

Dieser aus der Alten Kirche stammende Hymnus deutet ein Wort des Propheten Jesaja (53,4-7) auf Christus:

Fürwahr, er trug unsere Krankheit und lud auf sich unsre Schmer-
zen. Wir aber hielten ihn für den, der geplagt und von Gott ge-
schlagen und gemartert wäre. Aber er ist um unsrer Sünde willen
zerschlagen. Die Strafe liegt auf ihm, auf dass wir Frieden hät-
ten, und durch seine Wunden sind wir geheilt. Wir gingen alle in
die Irre wie Schafe, ein jeder sah auf seinen Weg. Aber der Herr
warf unser aller Sünde auf ihn. Als er gemartert ward, litt er doch
willig und tat seinen Mund nicht auf wie ein Lamm, das zur
Schlachtbank geführt wird; wie ein Schaf, das verstummt vor
seinem Scherer, tat er seinen Mund nicht auf.

Der Wortlaut des »Agnus Dei«:

Christe, du Lamm Gottes, der du trägst die Sünd der Welt,
erbarm dich unser. Christe, du Lamm Gottes, der du trägst die
Sünd der Welt, erbarm dich unser. Christe, du Lamm Gottes, der
du trägst die Sünd der Welt, gib uns deinen Frieden. Amen.

Austeilung

Der Liturg/die Liturgin bittet alle Getauften zum Altar mit den
Worten: »Kommt her, es ist alles bereit« (vgl. Matthäus 22,4);
»Schmecket und sehet, wie freundlich der Herr ist« (Psalm 34,9).
Brot oder Oblate werden mit den Worten gereicht: »Christi Leib
für dich gegeben.« Der Empfangende antwortete mit »Amen«.
Und der Kelch wird mit den Worten gereicht: »Christi Blut für
dich vergossen«, worauf der Empfangende ebenfalls mit »Amen«
antwortet. Wenn alle das Abendmahl empfangen haben, erteilt
der Liturg/die Liturgin den Segen: »Gehet hin im (Zeichen des
Kreuzes) Frieden des Herrn.« Diesem Segensgruß kann noch ein
Bibelwort vorausgehen.

Danksagung

Wenn alle Gemeindeglieder wieder an ihren Platz zurückgekehrt sind, singt oder spricht der Liturg/die Liturgin: »Danket dem Herrn, denn er ist freundlich, Halleluja.« Und die Gemeinde antwortet: »Und seine Güte währet ewiglich, Halleluja.«

Dankgebet

Das Gebet nach dem Abendmahl bringt den Dank für die empfangenen Gaben zum Ausdruck. Die Gemeinde antwortet auch hier mit »Amen«.

Das Abendmahl im ökumenischen Alltag

Im Grunde könnte alles ganz einfach sein: Wenn die Kirchen ihre Abendmahlspraxis ihrer Lehre und den in den ökumenischen Dialogen gewachsenen gemeinsamen Überzeugungen anpassten, ließen sich zahlreiche Streitfragen lösen. Beispielsweise der Streit um den so genannten Laienkelch, das heißt darum, dass es in der römisch-katholischen Kirche nach wie vor weithin Praxis ist, das Abendmahl nur unter einer Gestalt zu feiern, obwohl es seit dem Zweiten Vatikanischen Konzil mit Brot *und* Wein gefeiert werden könnte. Zugespitzt formuliert: Die unterschiedlichen Auffassungen beim Abendmahl sind nach Auffassung evangelischer und katholischer Theologen weithin Divergenzen in der liturgischen Praxis, die wiederum Ergebnis der jeweils über Jahrhunderte gewachsenen Frömmigkeit sind.

In den Kirchen der so genannten Leuenberger Kirchengemeinschaft (benannt nach dem Tagungsort Leuenberg in der Schweiz, wo 1973 die »Leuenberger Konkordie« unterzeichnet wurde), die lutherische, reformierte und unierte Kirche umfasst, besteht Kanzel- und Abendmahlsgemeinschaft, ebenfalls mit der

Evangelisch-methodistischen Kirche. Mit der Altkatholischen Kirche, der anglikanischen Kirche von England und der Arbeitsgemeinschaft mennonitischer Gemeinden ist eucharistische Gastbereitschaft vereinbart.

Die orthodoxe Kirche hat mit keiner anderen Kirche Abendmahlsgemeinschaft, jedoch dürfen im Notfall Gläubige aus anderen Kirchen an ihrer Abendmahlfeier teilnehmen. Für die römisch-katholische Kirche ist Kirchengemeinschaft die Voraussetzung für Abendmahlsgemeinschaft, während die evangelische Kirche darin die Besiegelung der Zugehörigkeit zu Christus sieht. Gläubige anderer Konfessionen sind in der katholischen Kirche ebenfalls nur im Notfall zur Eucharistie zugelassen. Gemeinschaft im Abendmahl ist aus katholischer Sicht nicht nur gleichbedeutend mit voller Kirchengemeinschaft, sondern letztlich mit Zugehörigkeit zur römisch-katholischen Kirche. Nach evangelischem Verständnis stiftet das Abendmahl Gemeinschaft mit Christus und denen, die der Gemeinde angehören.

Zentrale Fragen des Abendmahls könnten dessen ungeachtet als geklärt angesehen werden. So stellt die »Leuenberger Konkordie« heraus:

Im Abendmahl schenkt sich der auferstandene Jesus Christus in seinem für alle dahingegebenen Leib und Blut durch sein verheißenes Wort mit Brot und Wein. So gibt er sich selbst vorbehaltlos allen, die Brot und Wein empfangen; der Glaube empfängt das Mahl zum Heil, der Unglaube zum Gericht.

In der Studie »Herrenmahl« heißt es:

Im Sakrament des Abendmahls ist Jesus Christus, wahrer Gott und wahrer Mensch, voll und ganz mit seinem Leib und seinem Blut unter den Zeichen von Brot und Wein gegenwärtig.

Und in der Studie »Lehrverurteilungen – kirchentrennend?« des Ökumenischen Arbeitskreises evangelischer und katholischer Theologen von 1986 wird ausgeführt:

Gegenwärtig wird der erhöhte Herr im Abendmahl in seinem dahingegebenen Leib und Blut mit Gottheit und Menschheit durch das Verheißungswort in den Mahlgaben von Brot und Wein in der Kraft des Heiligen Geistes zum Empfang durch die Gemeinde.

Was den ökumenischen Dialog so schwer macht, ist der Umstand, dass das Abendmahl nicht isoliert betrachtet werden kann. Die Abendmahlsfrage ist aufs Engste mit dem Verständnis des Amtes des Papstes, des Bischofs, des Priesters (Stichwort »apostolische Sukzession«) sowie mit der Lehre von der Kirche verbunden. Dies ist der Hauptgrund dafür, weshalb die Einsichten aus den Gesprächen über das Abendmahl nicht umgesetzt werden.

> **Schritte auf dem Weg**
> **zur Abendmahlsgemeinschaft**

Das Zweite Vatikanische Konzil hielt in seinem Dekret über die Kirche fest, dass das Abendmahl »Höhepunkt und Quelle des ganzen christlichen Lebens« sei. Auch wenn diese Formulierung mittlerweile in der Ökumene gebräuchlich ist, so haben nach evangelischer Auffassung die Predigt des Evangeliums und die Sakramente »dieselbe Wirkung« (Apologie zum Augsburgischen Bekenntnis Artikel 13), was sich heute noch dadurch auswirkt, dass eben nicht an jedem Sonntag in den evangelischen Gottesdiensten Abendmahl gefeiert wird.

Das Abendmahl ist darüber hinaus Gemeinschaftsmahl – innerhalb der eigenen Konfession –, auch Zeichen der (inneren) Einheit. Gleichwohl gibt es das Abendmahl auch als offene Feier, die über den Kreis der eigenen Kirche hinausgeht. Neben den ökumenischen Vereinbarungen der letzten Jahre sind aber auch aus der Geschichte gastweise Zulassungen zum Abendmahl bekannt, ohne dass dies auch die Herstellung von Kirchengemeinschaft bedeutet hätte. Es ist vielmehr die besondere historische Diasporasituation (Minderheitensituation) etwa lutherischer Kirchen, die zum Konsensus von Sandomir in Polen 1570, zur Übereinkunft von Nagygeresd in Ungarn 1833 bzw. zu Verabredungen in Missionsgebieten Afrikas und Asiens geführt hatte. Der

Gedanke, das Abendmahl als Zeichen der Einheit zu begreifen trat dabei in den Hintergrund, das Abendmahl als Mittel der Gnade in den Vordergrund. Es war die Praxis, Gliedern anderer, konfessionell nahe stehender Kirchen in besonderen Situationen das Mahl nicht zu verweigern, wenn die Gläubigen dies ausdrücklich erbaten.

Im Jahre 1975 veröffentlichte die Vereinigte Evangelisch-Lutherische Kirche Deutschlands (VELKD) eine »Pastoral-Theologische Handreichung zur Frage einer Teilnahme evangelisch-lutherischer und römisch-katholischer Christen an Eucharistie- bzw. Abendmahlsfeiern der anderen Konfession«. Zur Teilnahme evangelischer Christen am katholischen Abendmahl wird ausgeführt:

Wenn evangelisch-lutherische Christen ... in besonderen Fällen in einer Gemeinde der römisch-katholischen Kirche kommunizieren wollen, so können sie darauf vertrauen, dass der gekreuzigte und auferstandene Jesus Christus sich ihnen kraft der Zusage seiner Worte bei der Einsetzung des Abendmahls leibhaftig schenkt ... Sofern evangelisch-lutherischen Christen dies bewusst ist, sehen wir uns nicht ermächtigt, ihnen in besonderen Fällen die Teilnahme an der römisch-katholischen Eucharistiefeier grundsätzlich zu verwehren.

Und im Blick auf die Teilnahme katholischer Christen am evangelischen Abendmahl heißt es: *Wenn in besonderen Fällen Glieder der römisch-katholischen Kirche im Vertrauen auf das Wort Christi dieser Einladung folgen und am Abendmahl in einem evangelisch-lutherischen Gottesdienst teilnehmen wollen, sehen wir uns nicht ermächtigt, sie nur deshalb daran zu hindern, weil sie nicht Glieder der evangelisch-lutherischen Kirche sind. Wir erwarten jedoch von allen, dass sie das Heilige Abendmahl in unserem Gottesdienst als der Stiftung gemäß anerkennen...*

Somit ist die wechselseitige Teilnahme am Abendmahl aus evangelischer Sicht möglich. Aus lutherischer Sicht gilt, dass *die ›heilige christliche Kirche‹ unseres Glaubensbekenntnisses, der letztlich auch die Abendmahlsgemeinschaft zugehört, umfassender (ist) als die Grenzen unserer Konfessionskirchen; unser Herr Je-*

sus Christus selbst ist es, der zu seinem Tisch einlädt, heißt es in der Handreichung der VELKD.

Dass die eucharistische Gastbereitschaft bzw. die volle Gemeinschaft im Abendmahl nicht eine völlige Verständigung in allen Fragen der Lehre und der Ordnung der Kirche voraussetzt, zeigt die gemeinsame Feststellung »Auf dem Weg zu sichtbarer Einheit«, die die Evangelische Kirche in Deutschland (EKD) und der Bund der Evangelischen Kirchen in der DDR 1988 in Meißen mit der anglikanischen Kirche von England verabschiedeten. Kern dieser Vereinbarung ist eine u. a. in folgenden Punkten beschriebene »gegenseitige Anerkennung«:

1. *Wir erkennen unsere Kirchen gegenseitig als Kirchen an, die zu der Einen Heiligen Katholischen und Apostolischen Kirche Jesu Christi gehören und an der apostolischen Sendung des ganzen Volkes wahrhaft teilhaben;*
2. *Wir erkennen an, dass in unseren Kirchen das Wort Gottes authentisch gepredigt wird und die Sakramente der Taufe und des Herrenmahls recht verwaltet werden;*
3. *Wir erkennen unsere ordinierten Ämter gegenseitig als von Gott gegeben und als Werkzeuge seiner Gnade an und freuen uns auf die Zeit, wenn sich unsere Kirchen in vollem Einklang befinden werden und damit die volle Austauschbarkeit der Geistlichen möglich wird.*

Vor diesem Hintergrund folgt die gegenseitige Erklärung der eucharistischen Gastfreundschaft, an deren Schluss die Mitglieder der jeweiligen Kirchen ermutigt werden, »die ihnen angebotene eucharistische Gastfreundschaft anzunehmen und dadurch ihre miteinander bestehende Einheit in dem einen Leib Christi zum Ausdruck bringen«.

Dass lediglich eucharistische Gastbereitschaft und nicht volle Abendmahlsgemeinschaft erklärt werden, hängt damit zusammen, dass das »anglikanische Verständnis voller, sichtbarer Einheit ... den historischen Episkopat und volle Austauschbarkeit der Pfarrer« einschließt. »Wegen dieses bleibenden Unterschiedes führt unsere gegenseitige Anerkennung der beiderseitigen Ämter noch nicht zur vollen Austauschbarkeit der Pfarrer.« Die verbleibenden Gegensätze werden aber als nicht so gravierend empfunden. Angesichts des erzielten Konsenses konnte also eucharistische Gastfreundschaft vereinbart werden.

Dass dieser Vorgang nicht auch auf die Beziehungen zwischen der evangelischen und der römisch-katholischen Kirche übertragen werden kann, hat seine Ursache im exklusiven Kirchenverständnis der katholischen Kirche. Der unauflösliche Zusammenhang zwischen eucharistischer Gemeinschaft und dem besonderen Verständnis des Amtes (Weihesakrament) in der katholischen Kirche, führt dazu, dass die gegenseitige Anerkennung der Taufe nicht auch die eucharistische Gastbereitschaft zur Folge hat. Das Ökumenismusdekret »Redintegratio unitatis« des Zweiten Vatikanischen Konzils hält fest:

Obgleich bei den von uns getrennten kirchlichen Gemeinschaften die aus der Taufe hervorgehende volle Einheit mit uns fehlt, und obgleich sie nach unserem Glauben vor allem wegen des Fehlens des Weihesakramentes die ursprüngliche und vollständige Wirklichkeit (substantia) des eucharistischen Mysteriums nicht bewahrt haben, bekennen sie doch ... im Heiligen Abendmahl, dass hier die lebendige Gemeinschaft mit Christus bezeichnet werde.

In Ziffer 8 der Kirchenkonstitution »Lumen gentium« des Zweiten Vatikanischen Konzils wird von der Kirche gesagt, sie habe »ihre konkrete Existenzform in der katholischen Kirche, die vom Nachfolger Petri und von den Bischöfen in Gemeinschaft mit ihm geleitet wird«. Der lateinische Text spricht von »subsistit« und nicht von »existit«, so dass offensichtlich keine völlige Identität zwischen der im Apostolischen Glaubensbekenntnis geglaubten und in der römisch-katholischen Kirche vorhandenen Kirche angenommen wird. Katholisches Kirchenverständnis schließt also nicht aus, wie es in der Kirchenkonstitution heißt, »dass außerhalb ihres Gefüges vielfältige Elemente der Heiligung und der Wahrheit zu finden sind«.

Noch offener formuliert es der Bericht der evangelisch-lutherischen/römisch-katholischen Studienkommission »Das Evangelium und die Kirche« aus dem Jahre 1972 (Malta-Bericht):

Obwohl innerhalb der Katholischen Kirche erhebliche Meinungsunterschiede bestehen, weist man katholischerseits darauf hin, dass keine exklusive Identität besteht zwischen der einen Kirche Christi und der Römisch-Katholischen Kirche. Diese eine Kirche Christi realisiert sich in analoger Weise auch in anderen Kirchen. Dies bedeutet zugleich, dass die Einheit der Römisch-Katholischen Kirche nicht vollkommen ist, sondern sie der vollkommenen Einheit der Kirche entgegenstrebt.

Im Ökumenismusdekret wird die Eucharistie als Sakrament bezeichnet »durch das die Einheit der Kirche bezeichnet und bewirkt wird«. Dies kann man auch so deuten, dass das Abendmahl eben doch nicht Höhepunkt und Abschluss, sozusagen das Siegel auf die Kirchengemeinschaft ist, sondern Mittel, um diese Gemeinschaft herzustellen. Eucharistische Gastbereitschaft wäre ein legitimer erster sichtbarer Schritt auf dem Weg, der schon jetzt gegangen werden könnte.

Praktische Fragen

Wie oft soll man am Abendmahl teilnehmen?

In der Alten Kirche war jeder Gottesdienst ein Abendmahlsgottesdienst. Es nahm die ganze Gemeinde der Getauften daran teil. Nicht zugelassen waren Ungetaufte sowie Gemeindeglieder, die aufgrund schwerer Verfehlungen von der Teilnahme ausgeschlossen waren. Erst später entwickelte sich der Brauch, nur ein- oder zweimal im Jahr zum Abendmahl zu gehen. Die Hochachtung vor den Gaben sowie die Furcht, unwürdig an den Tisch des Herrn zu treten (s.u.) führte dazu, dass nur zu bestimmten Zeiten, in der Passionszeit, Ostern und zum Ende des Kirchenjahres hin am Abendmahl teilgenommen wurde. Im Mittelalter bildete sich in der römisch-katholischen Kirche die Vorschrift heraus, jeder Christ müsse einmal im Jahr zum Abendmahl gehen. Luther selbst forderte zum regelmäßigen Gebrauch auf. Er sah darin – aus seelsorgerlichen Gründen – eine Glaubensstärkung. In der evangelischen Kirche setzte sich dieser Gedanke jedoch nicht durch. Erst im 20. Jahrhundert entstand eine neue Abendmahlsfrömmigkeit. In evangelischen Gemeinden wird das Abendmahl meist einmal im Monat gefeiert und ist stärker in den Gottesdienst integriert, wirkt nicht mehr wie ein Anhängsel. Gleichwohl ist es in manchen Gemeinden immer noch anzutreffen, dass vor der Feier des Abendmahls viele Gläubige das Gotteshaus verlassen. Zwar ist niemand zum Gang an den Tisch des Herrn verpflichtet – und es sollte auch kein Druck ausgeübt werden –, doch könnte man durch stilles Gebet Teil der versammelten Gemeinschaft bleiben.

Bin ich würdig?

Im Blick auf die innere Vorbereitung auf das Abendmahl stellen sich viele Gläubige die Frage, ob sie würdig sind. Eine Frage, die der Apostel Paulus der Gemeinde in Korinth stellte und festhielt: »Wer nun unwürdig von dem Brot isst oder aus dem Kelch trinkt, der wird schuldig sein am Leib und Blut des Herrn« (1. Korinther 11,27). Bei diesem Zitat muss in besonderer Weise der Zusammenhang bedacht werden:

Dies aber muss ich befehlen, leitet Paulus den Abschnitt 1. Korinther 11,17-34 ein: *Ich kann's nicht loben, dass ihr nicht zu eurem Nutzen, sondern zu eurem Schaden zusammenkommt. Zum ersten höre ich: Wenn ihr in der Gemeinde zusammenkommt, sind Spaltungen unter euch; und zum Teil glaube ich's. Denn es müssen ja Spaltungen unter euch sein, damit die Rechtschaffenen unter euch offenbar werden. Wenn ihr nun aber zu-*

sammenkommt, so hält man da nicht das Abendmahl des Herrn. Denn ein jeder nimmt beim Essen sein eigenes Mahl vorweg, und der eine ist hungrig, der andere ist betrunken. Habt ihr denn nicht Häuser, wo ihr essen und trinken könnt? Oder verachtet ihr die Gemeinde Gottes und beschämt die, die nichts haben? Was soll ich euch sagen? Soll ich euch loben? Hierin lobe ich euch nicht ... (Anm: Es folgen die Einsetzungsworte, danach rät Paulus:) *Der Mensch prüfe aber sich selbst, und so esse er von diesem Brot und trinke aus diesem Kelch. Denn wer so isst und trinkt, dass er den Leib des Herrn nicht achtet, der isst und trinkt sich selber zum Gericht* ... *Darum, meine lieben Brüder, wenn ihr zusammenkommt, um zu essen, so wartet aufeinander. Hat jemand Hunger, so esse er daheim, damit ihr nicht zum Gericht zusammenkommt.*

Wie war die Situation in Korinth? Ursprünglich bildeten gemeinsames Sättigungsmahl und Abendmahl eine Einheit. Missstände hatten sich ergeben, weil offensichtlich die wohlhabenderen Gemeindeglieder bereits früh am Abend zusammenkamen, sich buchstäblich den Magen vollschlugen und bereits betrunken waren, ehe das Mahl des Herrn begann. Zudem blieben für die ärmeren Gemeindeglieder nur Reste übrig, so dass das Sättigungsmahl keineswegs den geplanten Gemeinschaftscharakter hatte.

Unwürdig heißt in diesem Zusammenhang nicht, man müsse erst ein »guter Mensch« werden, um das Abendmahl würdig empfangen zu können. Das Augenmerk gilt hier nicht dem Sünder, der um Vergebung bittet, sondern dem Selbstgerechten. Jesu Gleichnis vom Pharisäer und vom Zöllner (Lukas 18,9-14) illustriert dies:

Er sagte aber zu einigen, die sich anmaßten, fromm zu sein, und verachteten die andern, dies Gleichnis: Es gingen zwei Menschen hinauf in den Tempel, um zu beten, der eine ein Pharisäer, der andere ein Zöllner. Der Pharisäer stand für sich und betete so: Ich danke dir, Gott, dass ich nicht bin wie die anderen Leute, Räuber, Betrüger, Ehebrecher oder auch wie dieser Zöllner. Ich faste zweimal in der Woche und gebe den Zehnten von allem, was ich einnehme. Der Zöllner aber stand ferne, wollte auch die Augen nicht aufheben zum Himmel, sondern schlug sich an die Brust und sprach: Gott, sei mir Sünder gnädig! Ich sage euch: Dieser ging gerechtfertigt hinab in sein Haus, nicht jener. Denn wer sich selbst erhöht, der wird erniedrigt werden; und wer sich selbst erniedrigt, der wird erhöht werden.

Martin Luther schreibt in seinem »Kleinen Katechismus«:

Der ist recht würdig und wohl geschickt, wer den Glauben hat an diese Worte: Für euch gegeben und vergossen zur Vergebung der Sünden.

Abendmahl ohne Beichte?

Im Neuen Testament findet sich kein Hinweis, der eine Verknüpfung von Beichte und Abendmahl herstellt. Gleichwohl war es durchaus üblich, am Tag vor dem Empfang des Abendmahls einen Beichtgottesdienst zu besuchen. Im evangelischen Sonntagsgottesdienst gehört ein allgemein gehaltenes Südenbekenntnis zur liturgischen Ordnung. Zum Beispiel mit folgendem Wortlaut (»Evangelisches Gesangbuch« 675):

Liturg/Liturgin: Wir sind zusammengekommen, um miteinander das Wort Gottes zu hören, ihn im Gebet und Lob anzurufen (und das Mahl des Herrn zu feiern – Anm.: dieser Zusatz erfolgt in Gottesdiensten mit Abendmahl). Vor Gott erkennen wir, dass wir gesündigt haben mit Gedanken, mit Worten und in dem, was wir getan haben. Aus eigener Kraft können wir nicht frei werden. Darum sehen wir auf Christus und beten: Gott, sei uns Sündern gnädig.

Liturg/Liturgin/Gemeinde: Der allmächtige Gott erbarme sich unser, er vergebe uns unsere Sünde und führe uns zum ewigen Leben. Amen.

Liturg/Liturgin: Der barmherzige Gott hat sich unser erbarmt. Jesus Christus ist für uns gestorben. Durch ihn vergibt uns Gott

und macht uns zu seinen Kindern. Wer glaubt und getauft wird,
der wird selig werden. Das gebe Gott uns allen.
Gemeinde: Amen.

Daneben gibt es ausgeprägte Beichtbekenntnisse, die im Gottesdienst gesprochen werden können und die in besonderer Weise
aufnehmen, was in 1. Johannes 1,8.9 formuliert ist: »Wenn wir
sagen, wir haben keine Sünde, so betrügen wir uns selbst, und
die Wahrheit ist nicht in uns. Wenn wir aber unsere Sünden bekennen, so ist er treu und gerecht, dass er uns die Sünden vergibt
und reinigt uns von aller Ungerechtigkeit.« Beichtbekenntnisse
können u.a. folgenden Wortlaut haben (»Evangelisches Gesangbuch« 707):

Barmherziger Gott, wir bekennen, dass wir in Sünde gefangen
sind und uns nicht selbst befreien können. Wir haben gegen
dich gesündigt in Gedanken, Worten und Werken durch das,
was wir getan, und durch das, was wir unterlassen haben. Wir
haben dich nicht von ganzem Herzen geliebt, wir haben unse-
ren Nächsten nicht geliebt wie uns selbst. Um deines Sohnes
Jesu Christi willen erbarme dich unser. Vergib uns, erneuere uns
und leite uns, dass wir Freude haben an deinem Willen und auf
deinen Wegen gehen zur Ehre deines heiligen Namens. Amen.

Oder:
Allmächtiger Gott, barmherziger Vater, ich armer, elender, sün-
diger Mensch bekenne dir alle meine Sünde und Missetat, die
ich begangen in Gedanken, Worten und Werken, womit ich dich
erzürnt und deine Strafe zeitlich und ewiglich verdient habe. Sie
sind mir aber alle herzlich leid und reuen mich sehr, und ich
bitte dich um deiner grundlosen Barmherzigkeit und um des un-
schuldigen, bitteren Leidens und Sterbens deines lieben Sohnes
Jesus Christus willen, du wollest mir armem sündhaftem Men-
schen gnädig und barmherzig sein, mir alle meine Sünden ver-
geben und zu meiner Besserung deines Geistes Kraft verleihen.
Amen.

Darauf folgen die Beichtfragen und die Absolution (Lossprechung, Zusage der Vergebung), wie im »Evangelischen Gesangbuch« 708 ausgeführt:

Liturg/Liturgin: Vor dem heiligen Gott frage ich euch: Bekennst du, dass du gesündigt hast, und bereust du deine Sünden, so antworte: Ja.

Gemeinde: Ja.

Liturg/Liturgin: Bittest du um die Vergebung deiner Sünden im Namen Jesu Christi, so antworte: Ja.

Gemeinde: Ja.

Liturg/Liturgin: Glaubst du auch, dass die Vergebung, die dir zugesprochen wird, Gottes Vergebung ist, so antworte: Ja.

Gemeinde: Ja.

Liturg/Liturgin: Wie ihr glaubt, so geschehe euch. Was Gott euch in der Taufe gegeben hat, Vergebung der Sünden und Befreiung von der Macht des Bösen, das wird euch heute neu geschenkt. In der Vollmacht, die der Herr seiner Kirche gegeben hat, spreche ich euch los: Euch sind eure Sünden vergeben. Im Namen des Vaters und des Sohnes und des Heiligen Geistes.

Gemeinde: Amen.

Es mag sein, dass die Betonung von Sünde und Schuld, die sich Menschen aufgeladen haben, dazu geführt hat, dass der Charakter der Freude, der durch das Abendmahl zum Ausdruck kommen soll, in den Hintergrund trat und das Interesse an der Mahlfeier gering war.

Es wird immer wieder behauptet, in der evangelischen Kirche sei mit der Reformation die Beichte abgeschafft worden. Das trifft nicht zu. Die Einzelbeichte bezeichnete Luther als das »allerheilsamste Ding«, das er sich von niemandem nehmen lassen wollte. Der Beichtvater repräsentiert Christus für den Beichtenden. Wogegen sich der Reformator jedoch vehement wandte, war der Beichtzwang sowie die Notwendigkeit der vollständigen Aufzählung der Sünden. Vor diesem Hintergrund war schließlich die Beichte in der evangelischen Kirche praktisch bedeutungslos geworden. Erst im 20. Jahrhundert wurde sie in der Seelsorge wieder entdeckt.

Der Zusammenhang von Beichte und Abendmahl ist nicht aus der Luft gegriffen. Schließlich stellt die Mahlfeier die Frage, wozu Jesus gestorben ist. Es handelte sich eben nicht um einen Märtyrertod, sondern um den Opfertod für die Sünder, wie sich an den neutestamentlichen Berichten von der Einsetzung des Abendmahls durch Jesus zeigen ließ. Und dies kommt auch in zahlreichen Passionsliedern zum Ausdruck, beispielsweise bei Paul Gerhardt: »Nun, was du, Herr erduldet, ist alles meine Last …« (»Evangelisches Gesangbuch« 85,4).

Problematisch ist jedoch, wenn die ausschließliche Betonung beim Abendmahl auf die Vergebung der Sünden gelegt wird. Die Freude über die Vergebung und der Gemeinschaftscharakter treten demgegenüber dann in den Hintergrund.

Wie geschieht die Austeilung?

Je nachdem, wie viel Raum vor und um den Altar herum vorhanden ist, bilden sich Gruppen im Kreis um den Altar bzw. im Halbkreis vor diesem. Zugleich gibt es auch die Praxis, auf Kissen, die auf die Altarstufen gelegt sind, zu knien. Im Rahmen von Gottesdiensten auf den Kirchentagen und in großen gottesdienstlichen Versammlungen ist es üblich, dass sich eine Reihe bildet, die zunächst das Brot und bei einer zweiten Station den Wein empfängt. Auch die Bankkommunion wird praktiziert: Es werden eine Schale Brot und der Kelch durch die Bankreihe gereicht. Dabei sollte sich der Einzelne die Freiheit nehmen, Brot und Wein weiterzugeben, wenn er oder sie selbst nicht kommunizieren will.

Als problematisch werden von Abendmahlsteilnehmerinnen und -teilnehmern nicht selten die hygienischen Bedingungen eingestuft. Manch einer hat ästhetische Bedenken oder einfach nur Angst vor einer Infektion. Dabei ist es möglich, den Gemeinschaftskelch so einzusetzen, dass keine hygienischen Probleme auftreten. Zum einen sollte ein Kelch nur für vier bis sechs Personen benutzt werden. Mehr Wein als für diese Zahl sollte er auch nicht enthalten. Durch eine jeweils leichte Drehung des Kelches erhält jede Person sozusagen eine frische Stelle. Danach ist der Kelchrand mit einem alkoholgetränkten Tuch gründlich zu reinigen. Um dies zu praktizieren, ist ein Messner/ein Küster/eine Küsterin bzw. ein Kirchenvorsteher/eine Kirchenvorsteherin vorzusehen, die sich nur um die Reinigung und das Nachgießen kümmern. Oft ist die Ursache für den Mangel an Hygiene eine übertriebene Eile, nach dem Motto: Es muss schnell gehen.

In Skandinavien war zuerst der Einzelkelch benutzt worden. Heute sind sie auch in Deutschland anzutreffen. Ausgeschenkt wurde aus einem Gießkelch. Werden die Einzelkelche auf dem Tablett herumgereicht, so geht der biblische Gedanke des Gemeinschaftskelchs verloren. Wer den hygienischen Bedingungen nicht traut, der kann das Abendmahl auch nur in Gestalt des Brotes als voll gültiges Mahl empfangen. Zwar lautet stiftungsgemäß die Aufforderung, »trinket alle daraus«, doch ist es auch möglich, die »Intinctio« zu praktizieren, das Brot bzw. die Oblate in den Kelch einzutauchen.

Wein oder Traubensaft?

Aufgrund einer gewachsenen Sensibilität im Umgang mit Alkoholkranken ist die Frage aufgetaucht, ob an Stelle von Wein auch Traubensaft, also ein alkoholfreies Abendmahl gefeiert werden kann. Heute weiß man, dass schon die kleinste Menge Alkohol genügt, um bei einem rehabilitierten Alkoholiker einen Rückfall auszulösen. In der Praxis der evangelischen Kirchen wird das Abendmahl unter beiderlei Gestalt – Brot und Wein – ausgeteilt. Man sieht sich nicht ermächtigt, eine der beiden Gestalten den Gläubigen vorzuenthalten oder die Beschränkung auf eine Gestalt zu verfügen. So heißt es in Artikel XXII des Augsburgischen Bekenntnisses, dass »bei uns das Sakrament in beiderlei Gestalt des Brotes und des Weines gereicht« wird. Gleichwohl zeigt die Geschichte der evangelischen Abendmahlspraxis, dass nicht der Schluss gezogen wurde, jeder Kommunikant müsse zwingend Brot und Wein zu sich nehmen. Der Einzelne konnte nach seinem Gewissen entscheiden. Es entspricht der neutestamentlichen Überzeugung, dass niemand in den Gemeinden beschämt (1. Korinther 11,22), keiner zurückgesetzt (Jakobus 2,2-7), niemand in seinem Gewissen verletzt (Römer 14,1-13) oder gar in Versuchung geführt werden darf (1. Korinther 10,14-24). Überdies ist Schwerkranken nicht selten nur der Kelch gereicht worden. Es ist in diesem Zusammenhang nie bestritten worden, dass in jeder der beiden Gestalten Jesus gegenwärtig ist. Und so lange Brot *und* Wein angeboten werden, wurde dies als evangeliumsgemäß verstanden, auch wenn einzelne Gemeindeglieder nur Brot oder nur Wein im Empfang nahmen.

Es entspricht jedoch den Worten des Neuen Testamentes, dass beim Abendmahl Wein gereicht wird. Überdies spricht Jesus dezidiert vom »Gewächs des Weinstocks«, womit nur Wein gemeint sein konnte. Unvergorenen Traubensaft gab es nur zur Zeit der Beerenreife, nicht aber zur Passafeier. Überdies war die alkoholische Gärung das damals einzig bekannte Mittel, Fruchtsäfte zu konservieren. Dessen ungeachtet lässt es sich nicht zweifelsfrei nachweisen, ob in der urchristlichen Gemeinde durchweg Wein bei den Mahlfeiern verwendet wurde. Wir haben bei den neutestamentlichen Berichten zur Einsetzung des Abendmahls keine historischen Urberichte vorliegen. Vielmehr sind diese unverkennbar von der Praxis der nachösterlichen Gemeinde geprägt. Es gibt aber Hinweise darauf, dass es Gemeinden gab, die aus asketischen Gründen Wasser statt Wein verwendeten. Auch in der christlichen Mission wird dort kein Wein beim Abendmahl benutzt – etwa in asiatischen Ländern –, wo kein Wein angebaut wird. In der China-Mission ist nachweislich statt Wein Tee bzw. Wasser eingesetzt worden. Es gibt auch einige Kirchen, die generell auf Wein verzichten. Ebenso wird dieser Verzicht in christlichen Gruppen geübt, die sich in besonderer Weise der Seelsorge an Alkoholikern widmen, etwa im Gut-Templer-Orden oder beim Blauen Kreuz.

Aus seelsorgerlichen Gründen sollte es möglich sein, dass Gemeinden auch Traubensaft beim Abendmahl anbieten, ohne daraus wiederum eine ausschließliche Regelung zu machen. Denn den ganzen Segen des Abendmahls empfängt auch der, der nur Brot zu sich nimmt.

Es ist immer wieder überlegt worden, ob Jesus auch Weißwein genommen haben könnte. Die neutestamentliche Wissenschaft ist sich jedoch sicher, dass dies nicht der Fall war, denn in Palästina gab es nur Rotwein. Der Vergleich von Wein und Blut, den Jesus anstellt, legt es nahe, Rotwein zu verwenden. Es gibt aber auch Gemeinden, die Weißwein nehmen. Das Argument in diesem Zusammenhang lautet: Mit dem Blut habe Jesus sein Bestes gegeben. Und der qualitativ beste Wein in einer bestimmten Region sei nun einmal Weißwein.

Ob Saft oder Wein, auch beim Thema »Brot« stellt sich die Frage, was konkret gereicht wurde. Beim Passamahl wird Mazzen gereicht, ein ungesäuertes, schnell gebackenes Brot. Das Brot, das heute bei Abendmahlsfeiern Verwendung findet, ist zwar ungesäuert, aber kein Mazzen. In nicht wenigen Gemeinden sind Oblaten in Gebrauch. Sie sind hinsichtlich der Aufbewahrung sehr praktisch, auch enthalten sie entweder ein reliefartig aufgeprägtes Kreuz oder ein Lamm, um auf Jesu Tod und Sterben für uns zu verweisen. Gleichwohl ist eine Oblate nicht als Brot erkennbar.

Kurzum: In der Alltagspraxis sind längst neben Brot und Wein auch Oblaten und Traubensaft in Gebrauch – aus praktischen und seelsorgerlichen Gründen.

Sind Kinder zum Abendmahl zugelassen?

Die Diskussion um das Abendmahl mit Kindern wird in den evangelischen Kirchen in Deutschland erst seit mehr als zwanzig Jahren geführt. Zur Zeit der Reformation hatte sich die Frage des Abendmahlsempfangs für Kinder nicht gestellt. In der römisch-katholischen Kirche wurde die Firmung im 15. Jahrhundert eingeführt. Damit war für Kinder die Zulassung zur Eucharistie verbunden. Zwar sahen die Reformatoren mit der Firmung die Taufe entwertet, doch stellte sich auch für sie die Frage, mit welchem Alter die Getauften das Abendmahl empfangen dürften. Die erste Konfirmationsordnung wurde in Hessen im Jahre 1538/39 eingeführt. Durchgesetzt hatte sich die Konfirmation in den evangelischen Kirchen jedoch erst im 19. Jahrhundert. Dies lag vor allem daran, dass eingesehen wurde, dass der Übergang vom Kindesalter zum Erwachsenendasein irgendwie gestaltet werden musste. Zudem hatte man einen geregelten Katechismusunterricht für sinnvoll gehalten, zur Vorbereitung auf das Abendmahl, das erstmals mit der Konfirmation gefeiert wurde. In der evangelischen Kirche wird die Konfirmation im Alter von 13 bzw. 14 Lebensjahren durchgeführt.

Offensichtlich ist die Kinderkommunion schon in der Alten Kirche praktiziert worden. Dabei zeigt sich einer enger Zusammenhang zwischen Taufe und Abendmahl. Die Taufe konstituiert die Mitgliedschaft in der Kirche. Das Abendmahl dient der Erneuerung dieser Gemeinschaft. Bereits im 2. Jahrhundert n. Chr. ist die Taufe ganzer Familien, Säuglinge eingeschlossen, nachweisbar. Und im Zusammenhang der Taufe fand dann auch die Kommunion für die Neugetauften statt. Vor allem in den orthodoxen Kirchen ist dieser enge Zusammenhang von Taufe und Abendmahl bis heute beibehalten. In der Regel empfängt der Täufling direkt im Anschluß an seine Taufe auch die erste Kommunion. Dies gilt auch bei der Taufe von Erwachsenen. Das Abendmahl wird unter beiderlei Gestalt gereicht, wobei es orthodoxe Praxis ist, Brot und Wein zu vermengen und auf einem Löffel zu reichen.

Nach der Abspaltung der östlichen Orthodoxie im Jahre 1054 von der Kirche des Westens wurde die Säuglings- und Kleinkinderkommunion auch dort noch beibehalten. Das IV. Laterankonzil 1215 legte den Beginn des Abendmahlempfangs für Kinder auf die so genannte »anni discretionis« (lat.; Unterscheidungsalter) fest. Gemeint ist damit die Fähigkeit, die geweihte Hostie von gewöhnlicher Speise zu unterscheiden. Und diese Fähigkeit wurde Kindern ab dem 7. Lebensjahr zugesprochen, aber auch schon darunter. Thomas von Aquin problematisierte diese Altersfestlegung jedoch, so dass der Kommunionempfang bis zum Beginn des 20. Jahrhunderts auf die Zeit zwischen dem 10. und 14. Lebensjahr verschoben wurde. Heute wird die Kommunion in der katholischen Kirche für Kinder im 3. Schuljahr durchgeführt, weil der Erstkommunion die Beichte vorausgehen muß.

Unter den lutherischen Kirchen weltweit dürfte Dänemark eine Pionierrolle eingenommen haben, denn dort wurde es schon 1955 den Pastoren freigestellt, auch Kleinkindern das Abendmahl zu geben. Auch in Finnland und Norwegen setzte sich diese Praxis durch. Hierzulande hat eine Handreichung der Vereinigten Evangelisch-Lutherischen Kirche Deutschlands (VELKD) im Jahre 1977 mit entsprechenden Leitlinien die »Teilnahme von Kindern am Heiligen Abendmahl« unter bestimmten Voraussetzungen empfohlen und dazu beigetragen, dass heute immer mehr Gemeinden anzutreffen sind, in denen das Abendmahl auch Kindern gereicht wird.

Es gab Handlungsbedarf, denn in Abendmahlsgottesdiensten kam es immer häufiger vor, dass Eltern ihre Kinder mit zum Altar brachten. Üblicherweise legt der Pfarrer/die Pfarrerin die Hand auf das Kind und spricht ein Segenswort. Andere Eltern ließen ihre Kinder in der Bank zurück. Und die fragten sich, warum sie vom Abendmahl ausgeschlossen sind. Zudem gab es Situationen, in denen beispielsweise eine Mutter die empfangene Oblate in zwei Hälften zerbrach und eine ihrem Kind gab. Eltern wollen ihre Kinder am Glaubensleben teilhaben lassen. Ein wichtiger Aspekt für die Weitergabe des Glaubens an die nächste Generation. *Kinder, die getauft sind,* heißt es in der Handreichung der VELKD, *können nicht grundsätzlich von der Teilnahme am Heiligen Abendmahl ausgeschlossen werden. Auch lassen weder die Bekenntnisschriften der evangelisch-lutherischen Kirche noch die*

frühreformatorischen Kirchenordnungen eine Bindung der Erst-
zulassung an ein bestimmtes Lebensalter erkennen.

Das entscheidende Argument für die Zulassung von Kindern
zum Abendmahl ist die Taufe. Sie nimmt Menschen vollgültig in
die Gemeinde auf. Die Gemeinde der Getauften entspricht der
zum Abendmahl versammelten Gemeinde. Dass die Taufe grundsätzlich das Recht zur Teilnahme am Abendmahl verleiht und
grundsätzlich nur Getaufte zugelassen sind, ist in den unterschiedlichen Kirchen die übereinstimmende Meinung. Eine abgestufte
Zugehörigkeit zur Gemeinde und damit letztlich zum Leib Christi
gibt es nicht. Die Zulassung zum Abendmahl ist keine Frage der
kognitiven Fähigkeiten. Gott wirkt nicht erst dadurch, dass ich es
verstehe. Der Vollzug geht nicht selten dem Verstehen voraus
bzw. Verstehen geschieht durch Mitvollzug.

Es ist jedoch die Frage, in welchem Alter Kinder das Abendmahl von einer herkömmlichen Mahlzeit unterscheiden können.
Es gibt Theologen, die den Zeitpunkt bereits im frühen Kinder-
gartenalter, ab dem dritten oder vierten Lebensjahr für gekommen sehen, ohne damit freilich eine verbindliche Festlegung tref-
fen zu wollen. In den Leitlinien der VELKD wird ausgeführt, dass
keine grundsätzlichen Bedenken bestünden, getaufte Kinder, die
das Grundschulalter erreicht haben, am Abendmahl teilnehmen
zu lassen. Nicht übersehen werden darf der Zusatz: »Wenn dies
begehrt wird und nach Unterweisung seelsorgerlich verantwor-
tet werden kann.« Dies bedeutet, dass es keinen Automatismus
gibt. Es bedarf einer kindgemäßen Hinführung zum Abendmahl,
wie sie beispielsweise im Kindergottesdienst, im Familiengottes-
dienst oder im Rahmen einer Familienfreizeit geleistet werden
kann. Der jeweilige Gottesdienst muss mit besonderer Sorgfalt
vorbereitet werden. Zudem ist auch der Konsens zwischen dem
Pfarrer/der Pfarrerin, dem Presbyterium/Kirchenvorstand und den
Mitarbeiterinnen und Mitarbeitern in der Gemeinde sinnvoller-
weise herzustellen. Kinder sollten nur in Begleitung ihrer Eltern
am Abendmahl teilnehmen.

Das entscheidende Problem, das sich mit der Zulassung von

Kindern zum Abendmahl ergibt, ist der Konfirmandenunterricht bzw. die Konfirmation. Ihre zentrale Bedeutung bestand bislang darin, junge Menschen auf die Zulassung zum Abendmahl vorzubereiten. Zudem bekräftigen die Jugendlichen in der Konfirmation das Bekenntnis zu Gott, das in der Taufe Eltern und Patinnen/Paten stellvertretend gesprochen haben, mit eigenen Worten. Die Konfirmation ist der feierliche Abschluss des Taufkatechumenats, der Unterweisung, wie sie Erwachsene erhalten, die sich taufen lassen wollen. Dieses Taufkatechumenat wird in jenen Kirchen im beginnenden Jugendalter nachgeholt, die die Säuglingstaufe praktizieren.

Mit der Zulassung von Kindern zum Abendmahl ist die Konfirmation und der vorausgehende Konfirmandenunterricht nicht obsolet geworden, denn eine grundlegende Einführung in die kirchlich-religiöse Themenwelt neben und zusätzlich zum Kindergottesdienst, zur Christenlehre und zum Religionsunterricht ist vor dem Hintergrund zurückgehender religiöser Sozialisation im familiären Bereich sinnvoll. Zudem kann der Konfirmandenunterricht die beim Abendmahlsempfang der Kirchen gemachten Erfahrungen reflektieren und vertiefen helfen.

Die Konfirmation hat außer der Zulassung zum Heiligen Abendmahl weitere Sinngehalte wie gemeinsam gesprochenes Glaubensbekenntnis, verantwortliches Ja zur eigenen Taufe, Fürbitte der Gemeinde, Segnung und Sendung der Konfirmanden, Zulassung zum Patenamt. Diese werden durch eine vorherige Teilnahme am Heiligen Abendmahl nicht entleert, sondern bereichert und vertieft, meint die Handreichung der VELKD.

Das Abendmahl ist keine Denkerfahrung, sondern eine »Daseins«-Erfahrung (Gerhard Ruhbach). Sie spricht den Menschen mit all seinen Sinnen an. Ein letztes Geheimnis bleibt aber, denn nicht jede Frage, die die Feier am Tisch des Herrn aufwirft, lässt sich mit letzter Genauigkeit beantworten. Fünf Aspekte sollen noch einmal hervorgehoben werden:

1. Das Abendmahl ist eine Gabe: »Für euch gegeben« – für mich ganz persönlich. Wer an den Tisch des Herrn tritt, der ist nicht Gast einer Kirche, sondern Gast des gekreuzigten und auferstandenen Christus. Jesu Tod ist eine Gabe für uns, er vergibt uns unsere Sünde und Schuld. »Ver-Gebung« der Sünden bedeutet Erneuerung unserer Beziehung zu Gott. Eine Würdigkeit, etwa in dem Sinne, dass ich vor Gott etwas darstelle, kann es nicht geben. Das Abendmahl ist das Mahl der Sünder, der Menschen, die wissen, dass sie auf Gottes Barmherzigkeit angewiesen sind, es ihm wert sind, dass er seinen Sohn opferte – für uns.
Eine solche Gabe schließt eine

Aufgabe mit ein, fordert zu Hin-Gabe auf. Wer von Gott beschenkt wurde, der hat mehr, als er für sich selbst braucht. Er ist frei von der Last, sich selbst vor Gott ins rechte Licht rücken zu müssen. Er kann sich einer Sache, einem Menschen widmen und so etwas von der empfangenen Liebe Gottes weitergeben. Dass wir Empfangende und Weiter-Gebende sind, kommt im Abendmahl zum Ausdruck. Ersteres, indem wir uns Brot und Wein geben lassen (Mundkommunion), Letzteres, indem wir nehmen und weitergeben (Handkommunion).

2. Das Abendmahl hat Gemeinschaftscharakter. Christsein ohne Gemeinde, Glaube ohne Gemeinschaft, das entspricht nicht dem Neuen Testament. Kein Mensch kann aus sich selbst und für sich selbst leben, er ist auf die Gemeinschaft angewiesen. In der urchristlichen Gemeinde war man sich bewusst, dass der Einzelne den Ruf für sich hören und den Glauben für sich als lebensprägende und lebensgestaltende Kraft spüren und bejahen muss. Nicht umsonst werden

im Neuen Testament das Zusammenkommen (1. Korinther 11,17f.33) und auch das Zusammenbleiben (Apostelgeschichte 2,42) betont. Deshalb versammelt sich die Gemeinde am und um den Altar; deshalb ist der Gemeinschaftskelch in Gebrauch; deshalb wird der Friedensgruß des Liturgen/der Liturgin (»Der Friede des Herrn sei mit dir.«) erwidert und untereinander ausgetauscht; deshalb ist die Gemeinschaft der am Tisch des Herrn Versammelten nach dem Gottesdienst nicht zu Ende, sondern erfährt im Alltag ihre Fortsetzung. Um so schlimmer, dass die Kirchen untereinander weithin nicht wenigstens eucharistische Gastbereitschaft praktizieren.

Wohl wird in allen Kirchen Jesu Bitte zu Gott, »damit sie alle eins seien« (Johannes 17,21) aufmerksam gehört. Aber bei vielen Gläubigen entsteht der Eindruck, die Einheit der Kirche sei ein Selbstzweck. Dabei ist die Einheit der Kirche in der Einheit des Leibes Christi vorgegeben. Die Einheit muss daher nicht mehr hergestellt werden und auch die Verschiedenheit muss nicht im Sinne einer Verein-

heitlichung überwunden werden.

Es geht vielmehr darum, die Einheit in der Gemeinschaft der Verschiedenen zu leben. Einheit in versöhnter Verschiedenheit, in der die bislang trennenden Grenzen ihren kirchentrennenden Charakter verlieren. Das scheint die plausibelste ökumenische Zielvorstellung zu sein, denn sie ließe es zu, dass Katholiken Katholiken, evangelische Christen evangelisch, orthodoxe Christen orthodox und Anglikaner in ihrer gewachsenen Frömmigkeitstradition bleiben könnten. Abendmahlsgemeinschaft wäre dann nicht erst herzustellen, sondern zu praktizieren, weil sich aus der Feier am Tisch des Herrn erneuert und vollendet. Organisatorische Fragen sind demgegenüber sekundär.

Man muss im Johannesevangelium weiterlesen, um zu erkennen, warum Jesus um die Einheit der Glaubenden bittet. Diese Einheit ist tatsächlich kein Selbstzweck, sondern hat den einen Grund: »damit die Welt glaube« (17,21). Uneinigkeit ist ein offensichtliches Glaubenshindernis. Die Trennung der Kirchen in ihrer Abgrenzung gegenüber anderen Kirchen wirkt für Nichtchristen nicht gerade einladend. Und sie erschüttert auch die Glaubwürdigkeit der Botschaft Jesu und seiner Sendung, denn Johannes 17,21 heißt vollständig: »damit die Welt glaube, dass du mich gesandt hast«.

3. Das Abendmahl ist auch eucharistische Feier – Danksagung: »... nahm er das Brot, *dankte* ...«. Das Leben ist eine ständige Aufforderung mit dem Beter des 103. Psalms zu sprechen: »Lobe den Herrn, meine Seele, und vergiss nicht, was er dir Gutes getan hat« (103,2). Oder mit den Worten Martin Rinckarts den aus Freude gestalteten Dank mit allem, was uns Menschen buchstäblich zur Verfügung steht zu singen: »Nun danket alle Gott mit Herzen, Mund und Händen ...« (»Evangelisches Gesangbuch« 321,1). Im Abendmahl geschieht die Erneuerung unseres Lebens, ein Neuanfang in der Beziehung zu Gott und den Mitmenschen – aus dem Zuspruch der Vergebung. Nicht von ungefähr zieht sich der Dank wie ein roter Fa-

den durch die ganze Abendmahlsliturgie. Er steht am Anfang: »Lasset uns Dank sagen dem Herrn.« Er findet sich in den Gebeten, in den Einsetzungsworten und am Schluss: »Danket dem Herrn, denn er ist freundlich.« Ein im Grunde selbstverständlicher Dank für das, was Gott an uns aus freien Stücken tut.

4. Das Abendmahl ist Gedächtnismahl, Erinnerungsfeier: »Dies tut zu meinem Gedächtnis«, lautet die Aufforderung Jesu. Dabei geht es nicht um ein rückwärtsgewandtes Erinnern an ein damaliges Geschehen. Sondern an ein Erinnern im Sinne von Vergegenwärtigen. Was damals geschah, hat Bedeutung für heute und bis heute – und greift auch in die Zukunft. Erinnern heißt: nicht vergessen – wie in Psalm 103,2: »... und vergiss nicht, was er dir Gutes getan hat«. Sich erinnern im Sinne der Abendmahlsliturgie heißt: leben aus dem, was immer gilt.

5. Das Abendmahl – schon jetzt – nimmt vorweg, was uns am Ende aller Zeit erwartet: das Freudenmahl bei Gott. »Ich wer-

de von nun an nicht trinken von dem Gewächs des Weinstocks, bis das Reich Gottes kommt«, sagt Jesus (Lukas 22,18). Das Abendmahl beinhaltet die Hoffnung, dass die Spannung zwischen dem »schon jetzt« (ist Gottes Herrschaft angebrochen) und dem »noch nicht« (hat sie sich völlig durchgesetzt) aufgelöst wird, »und Gott wird abwischen alle Tränen von ihren Augen, und der Tod wird nicht mehr sein, noch Leid noch Geschrei noch Schmerz wird mehr sein« (Offenbarung 21,4). Die vorweggenommene Feier meint keine Vertröstung auf das Jenseits, sondern Vorgeschmack, auf das was schließlich kommt. Und es bedeutet auch nicht, dass sich die zum Mahl versammelte Gemeinde von der Welt abschließt. Wer glaubt, sieht weiter.

Das Abendmahl lässt viele Facetten erkennen. Jeder Aspekt ist wichtig und kann auch entsprechend akzentuiert werden. Dabei ist jedoch darauf zu achten, dass die Balance gewahrt und nicht einzelne Aspekte überbetont, andere hingegen vernachlässigt werden. Das Abendmahl – ein Fest, bei dem niemand abseits stehen sollte.